Bientôt papa

ISBN : 978-2-412-06923-3
Dépôt légal : mai 2021
Imprimé en Espagne

Mise en page intérieure : Transparence
Illustrations de couverture et intérieur : Nathalie Jomard
Suivi éditorial : Lucie Drouin

Éditions First, un département d'Édi8
92, avenue de France
75013 Paris - France
E-mail : firstinfo@efirst.com
Site Internet : www.editionsfirst.fr

Ma p'tite famille

Bientôt papa

Lionel Paillès & Benoît Le Goëdec

FIRST
ÉDITIONS

« Il n'y a qu'un aventurier au monde,
et cela se voit notamment dans le monde
moderne : c'est le père de famille. »

Charles Péguy

Sommaire

Introduction 9

Acte 1
Allô bébé ? Ici papa ! 13

Acte 2
Ma nouvelle vie d'homme 27

Acte 3
Petits et grands rendez-vous de la grossesse 87

Acte 4
Le corps changeant de la femme 101

Acte 5
Et mon couple, alors ? 137

Acte 6
Tout savoir, tout connaître, ça me rassure ! 165

Bibliographie 185
Index 189

Introduction

À la fin de ces 9 mois*, il sera là, au creux de vos bras... 9 mois auront été nécessaires à votre mue, à ce changement de statut, à ce passage délicat d'homme à père... 9 mois pour découvrir en vous ces capacités à aimer et à élever cet enfant.

Des centaines de questions se bousculent déjà dans votre tête.

Sans le moindre accompagnement, « entrer en paternité », être acteur et pas simplement spectateur de ce moment peut être un chemin long et difficile.

Pour pouvoir être à l'écoute de tout ce qui se passe en vous pendant cette période de haute turbulence émotionnelle, il est évidemment préférable, et même indispensable, d'être guidé, accompagné.

On peut l'être par les sages-femmes, les médecins, les obstétriciens qui animent les groupes de parole pour futurs pères – les professionnels de la naissance sont là pour ça. N'hésitez pas à les solliciter à la moindre occasion, ils ne sont pas seulement les interlocuteurs de votre compagne. Votre entourage aussi sera ravi de partager avec vous son expérience et ses conseils.

Mais rien ne vaut l'expérience d'autres pères !

Pour vous guider tout au long de ce chemin, voici un bréviaire d'une centaine de mots, qui racontent, à leur façon, 9 mois de la vie d'un homme – vous, en l'occurrence. Ces mots choisis volontairement dans tous les registres (santé, émotion, technique, sexualité...) sont autant de balises, de repères, de petits cailloux pour s'y retrouver dans la forêt d'émotions et de questions qui se bousculent dans la tête d'un papa en devenir (les Anglo-Saxons disent joliment *expectant father*).

Si nous avons écrit ce livre à quatre mains, c'est que nous voulions y mêler deux expériences de papas, bien sûr (7 enfants à nous

---

* Peut-être pas 9 mois d'ailleurs ! Lire à ce sujet la notice « Terme », page 131.

deux !), mais aussi des regards de professionnels – journaliste et sage-femme que nous sommes – sur la paternité.

Bientôt papa n'est pas un livre d'observation de plus, sorte de manifeste sociologique un peu lointain pour la néo-paternité, pas plus qu'un manuel de puériculture. Il s'agit bien d'un guide pratique destiné à vous aider à faire votre propre chemin, à être acteur de la grossesse et à vivre les choses comme bon vous semble.

Ce livre est en quelque sorte un *prequel* – comme on le dit de ces séries télé américaines dont l'histoire précède une œuvre antérieurement créée – du guide *Papa débutant*, publié pour la première fois en 2006 et immense succès en librairie. Pardon pour l'autocongratulation qui n'est en réalité qu'un remerciement à tous les papas lecteurs !

Le découpage que nous avons choisi est thématique plutôt que chronologique : on part des grands mots liés aux principales émotions que vous rencontrerez. On peut avoir envie de lire sur l'accouchement en début de grossesse et les angoisses liées à la paternité peuvent intervenir au 1er mois de grossesse, comme au 7e ou au 8e mois. Bref, nous ne vivons pas tous le questionnement et les émotions dans le même ordre !

Des tags figurent à la fin de chaque notice. Grâce à eux, vous aurez tout le loisir de naviguer d'un mot à l'autre (d'*utérus* à *contractions*), de rebondir d'un sujet à l'autre comme bon vous semble, à votre rythme à vous.

La grossesse n'est pas purement féminine. Quand un enfant naît, un père naît aussi ! Vous aussi, d'une certaine manière, êtes « enceint », et devenir père ne va pas de soi – je ne sais plus qui a dit ça ! Mieux vaut être prévenu, préparé, coaché, guidé, accompagné... Il faut être prêt à l'inattendu et à l'imprévisible !

Et souvenez-vous : une femme dont l'homme est bien dans ses baskets accouche mieux !

Acte 1

Allô bébé ?
Ici papa !

« Un père n'est pas celui qui donne la vie,
ce serait trop facile,
un père c'est celui qui donne l'amour. »

Denis Lord

Très tôt, le fœtus est *aware*,
il est à l'écoute du monde qui l'entoure !

L'« équipement » sensoriel se met en place au début de la gestation. Les récepteurs cutanés, qui permettront la perception par le toucher, apparaissent sur les mains, les pieds et même sur le visage vers la douzième semaine.

À 20 semaines, tout son corps en est doté ; il fait alors l'expérience de la stimulation tactile dans le ventre de maman : il touche à tout sans qu'on lui dise jamais rien... le bonheur !

À 25 semaines, son circuit auditif est opérationnel : il entend la voix de sa mère et peut même sursauter lorsqu'un bruit le gêne ou l'agresse. Il est alors doué de ce qu'on pourrait appeler une « intelligence sonore ».

Fort de tout cela, vous êtes donc en mesure d'entrer en relation avec votre petit, de communiquer avec lui. Et le terme de communication n'est pas trop fort. Dès le premier trimestre, votre toucher est « communiquant ». Sachez toutefois que la perception de la réponse fœtale par un petit coup dans votre main est souvent différée. Outre les appels et les effleurements du ventre, pourquoi ne pas tenter les pressions manuelles qui sollicitent le bébé et permettent de le sentir bouger ?

Votre voix est elle aussi communicante – si, toutefois, elle est claire et bien posée. Si les voix émises à une fréquence égale à

60 décibels émergent distinctement du bruit de fond intra-utérin, en dessous, il n'est pas certain que bébé vous entende.

La voix maternelle bénéficie, elle, d'un statut privilégié, car outre sa transmission externe, elle se propage *via* la colonne vertébrale et les os du bassin.

Alors, pensez votre bébé comme un individu doué de relation et de communication ! Par votre seule présence, vous lui offrirez un environnement sécurisant et apaisant, préambule indispensable à tout ce qui va suivre. Car il s'agit surtout de faire connaissance avec lui et de rendre plus concret votre « devenir père » en l'ancrant dans une relation consciente. Et pour parvenir à cela, il n'y a guère que la voix et le toucher !

Décibels

« Quelqu'un m'entend là-dedans ? »

Jusqu'au XIXe siècle, les scientifiques pensaient que le bébé naissait aveugle et sourd… C'est tout le contraire ! Dès le milieu de la grossesse, l'oreille interne du fœtus est développée. Il perçoit donc tous les bruits auxquels il est exposé, à commencer par celui du battement du cœur de maman et les gargouillements intestinaux, mais aussi le flux sanguin dans le cordon ombilical. En partie atténués par la barrière du liquide amniotique, ces sons ressembleraient au bruit si agréable de la mer, qui a le don de nous rassurer et de nous détendre. La voix de sa maman à 60 **décibels** (dB) parvient à son oreille à 24 dB, soit deux fois plus fort que celle de son papa. On pense même que le fœtus intègre une partie de ces sons : il semble que les bébés préfèrent les comptines qu'ils ont entendues avant leur naissance !

voix haptonomie chant

Chant

« On n'est pas dans les battles de The Voice ! »

Il est inutile de savoir chanter juste, ni même de savoir chanter tout court d'ailleurs, pour pratiquer le **chant** prénatal ! Cette méthode ludique se base sur l'impact des sons sur le corps. On sait notamment que les fréquences graves ont un effet antalgique sur la région du bassin. Le chant prénatal, c'est d'abord un éveil corporel. On travaille des vocalises, mais aussi des sons plus libres, on s'amuse, on explore l'effet des vibrations sur chaque partie du corps – c'est une vraie découverte de soi. En pratiquant le chant prénatal, votre compagne se détend (elle apprend le lâcher-prise si précieux pour l'accouchement) et travaille sa respiration, car le son est indicateur du souffle. En outre, le chant agit comme un massage ou une caresse pour le bébé – le bassin et le squelette de sa maman font office de caisse de résonance et amplifient la transmission des sons, qui atteignent la peau du bébé – *via* le liquide amniotique – sous forme de toutes petites vibrations.

Qu'est-ce que je peux faire ?

Participer aux séances et le jour J, c'est vous qui donnerez le ton pour l'aider à tenir les sons les plus graves (des « a » et des « o ») qui décontractent et facilitent la descente du bébé.

Renseignements auprès de l'Association française de chant prénatal : *www.chantprenatal.com.*

Entre nous

« Nous avions fait le choix du chant prénatal, car c'est très joyeux ! J'étais assez angoissé pendant la grossesse et ça m'aidait bien à me détendre. Dans la salle de naissance, ça a mis beaucoup de gaieté. C'était incroyable : quand je descendais dans les graves, mon bébé bougeait beaucoup, et il se calmait dès que je remontais dans les aigus. »

Thierry, 37 ans, papa de Mélodie et mari de Fabienne.

Haptonomie

« Je n'ai pas signé pour un remake d'*Alien* ! »

Née dans les années 80 aux Pays-Bas, cette approche par le toucher généreux a pour objectif d'ouvrir le corps, de le relaxer et de le mettre en contact avec l'environnement. Ce toucher qu'on apprend est le premier langage affectif et relationnel – une sorte de jolie conversation à trois entre le bébé, la maman et le papa !

Il va permettre au bébé de développer un sentiment de sécurité intérieure.

Chez le fœtus, ce sens est mature dès le 3e mois de grossesse ; il est donc à même de percevoir un toucher affectif venant de papa ou de maman et d'y répondre. Dès les premières séances, qui commencent au 4e mois de grossesse (il y en a 7 à 9 au total), l'homme apprend à entrer en contact avec son enfant avant même de le tenir dans ses bras, mais aussi combien le toucher peut soulager sa compagne et la détendre. À la différence des autres types de préparation, les cours d'haptonomie ont lieu dans l'intimité du couple.

Qu'est-ce que je peux faire ?

Apprendre à placer vos mains sur l'utérus (au début, vous ressentirez peut-être une certaine gêne) pour aller à la rencontre du bébé, l'« inviter » à se placer dans vos mains, aller et venir d'une main à l'autre, d'un côté à l'autre de l'utérus. Vous serez en mesure d'aider le bébé à se mouvoir et donc, de soulager votre compagne – une mauvaise position du bébé peut parfois être à l'origine d'un inconfort chez la femme. C'est comme si vous le sentiez danser dans vos mains. Grâce à ces échanges, petit à petit, vous prendrez confiance en vos capacités à être père et à créer un lien avec lui.

toucher **voix** **décibels** **préparation**

Entre nous

« Dans la préparation, on ne nous apprend rien, à nous les futurs pères ! C'est purement physiologique, nos émotions sont laissées de côté. Il ne faut pas hésiter à chercher autre chose qui vous convienne mieux ! J'ai beaucoup aimé l'haptonomie. Ça m'a permis de trouver ma place en "prenant" la douleur de ma femme. »

Thierry, 34 ans, papa de Simon et mari de Sabine.

Voix

« Luke, je suis ton père ! »

Parlez-lui quand vous le sentez ! Évidemment, au début, ça n'a pas de sens, car l'interlocuteur est invisible et il ne vous entendra pas (pour cela, il vous faudra attendre le début du 6e mois), et même quand il pourra vous entendre, il ne vous comprendra pas. Peu importe : lui parler vous aidera vous à construire votre paternité, à nouer des liens avec votre bébé.

Quant à bébé justement, vos paroles l'aideront à apprendre à reconnaître votre **voix** parmi les autres et à la trouver rassurante, ce qui vous sera utile plus tard, quand il pleurera. Parlez-lui calmement, mais si vous voulez être entendu, ne chuchotez pas trop quand même – eh oui, le petit chou est dans une bulle protectrice qui atténue tout, y compris les bruits ! Ne criez pas non plus, ne le brusquez pas, il a besoin de calme. Quand vous vous adressez à lui, posez votre main sur le ventre de sa maman, caressez-le, cela l'aidera à comprendre que c'est à lui que vous vous adressez et vous pourrez parfois sentir qu'il vous reconnaît et vous répond par de petits coups.

Qu'est-ce que je peux faire ?

Commencez par des petites phrases toutes simples, comme « *Coucou, je suis ton papa, mon gars* », et vous verrez que, très vite, les mots sortiront tout naturellement. Parlez-lui de votre joie, de vos envies, de vos projets avec lui… et pourquoi ne pas lui chanter des chansons douces ?

haptonomie **décibels** **toucher**

Entre nous

« Les premiers temps, j'étais gêné de parler à ce ventre. Je n'étais pas très naturel quand je m'adressais à ce bébé. Pour instaurer ce dialogue intime, j'ai fini par attendre que ma compagne s'endorme. Je parlais plus librement. Jusqu'au jour où elle s'est réveillée, en larmes : elle s'était aperçue de l'amour que je portais à notre fils et de mon implication dans cette grossesse. »

Tom, 39 ans, papa d'Achille et compagnon d'Anaïs.

Zizi

« Tu veux ou tu veux pas (savoir) ? »

Aristote, dans *Le Traité de la génération des animaux*, conseillait d'attendre que le vent souffle du Sud pour faire l'amour si l'on souhaitait avoir un petit gars... Si on n'a toujours pas la recette miracle pour faire à coup sûr un garçon ou une fille, la technologie, en revanche, nous permet de connaître à l'avance le sexe de l'enfant.

Certains hommes justifient l'envie de savoir par le besoin de concret, de se projeter dans la relation, d'acheter un berceau, de choisir la couleur de la chambre, de l'appeler par son prénom pendant les séances d'haptonomie... et pas « la crevette » ou « chaton ». Dès qu'il est doté d'un sexe, ce bébé trouve un visage et devient subitement une personne à part entière, ce qui permet à l'homme de remplir son costume de père, de se mettre dans le rôle.

Savoir ou pas, ça n'est ni bien ni mal ! Selon un sondage BVA paru en février 2013 dans le quotidien *20 minutes*, 65 % des Français préféreraient, s'ils attendaient un enfant, connaître son sexe. C'est au cours de l'échographie du 5ᵉ mois (dite « morphologique ») qu'on est susceptible de savoir avec certitude.

Qu'est-ce que je peux faire ?

Réfléchissez bien avant de vous retrouver face à l'écran pour ne pas être influencé sur le moment par l'échographiste. Et puis, sachez que vous avez tout à fait le droit de ne pas faire le même choix que votre compagne ! Elle veut savoir ? Vous, non ? C'est votre choix !

échographie **3D** **rencontre**

Entre nous

« J'étais tenté de savoir, et en même temps, je me suis dit qu'être parent, c'est aimer son enfant quel qu'il soit, garçon ou fille. J'aime bien l'idée qu'il soit libre quelques mois d'être ce qu'il veut, ce fœtus. Il n'est pas la propriété de ses parents ! Aller voir son sexe avant qu'il ne le montre vraiment, c'était pour moi comme violer son intimité ou ouvrir son courrier. »

Denis, 41 ans, papa de Sarah et conjoint d'Annabelle.

Liste des questions à poser au médecin ou à la sage-femme

Acte 2

Ma nouvelle vie d'homme

« Par opposition à la maternité
qui est une expérience sensorielle,
la paternité résulte d'un processus de pensée. »

Sigmund Freud

9 mois pour devenir père... et quelques heures de travail et d'accouchement pour boucler la boucle !

Certains se sentiront père dès l'annonce de la grossesse (la découverte du test suffira à les plonger dans le grand bain de la paternité), d'autres attendront de bercer l'enfant pour la première fois dans leurs bras... Mais chacun d'entre vous vivra, à son rythme, un temps de « gestation psychique ».

Vous revisiterez votre histoire : ce que vous étiez avant, ce qui se passe maintenant et ce que vous devenez tout doucement, tout cela s'entremêle. Passé, présent, futur. Vous êtes, mine de rien, en train de passer de l'état d'homme à celui de père, ça n'est pas rien quand même, comme mue !

L'imaginaire travaille beaucoup, on se compose une idée de la paternité autour de quelques grandes figures masculines qui ont pu nous marquer.

Ce temps de conversion identitaire vous confronte à la notion de responsabilité. Le nouveau-né, dès son premier cri, vous engage dans une responsabilité totale et absolue du « devoir faire » pour lui. Plus ou moins consciemment, cela effraie certains d'entre nous, même si nous l'avions bien entendu envisagé dès l'idée de le mettre au monde.

Ceci nous amène à repenser certaines de nos organisations et à affirmer pour cela notre statut de père au monde entier, à la société, à l'environnement professionnel.

Ce processus est lié aux événements qui jalonnent la grossesse. Participer aux consultations, aux préparations à la naissance, aux échographies, mais aussi prendre soin de soi, décider de changer ses habitudes – le tabagisme par exemple – tout cela aide à entrer dans ce temps et à élaborer lentement le « devenir père ».

Ce cheminement vers votre nouvelle vie d'homme n'est pas aisé lorsqu'en plus on attend tellement de vous. Vous savez ce qu'on dit : « l'homme porte la femme qui porte ». La femme a besoin de soutien pratique et psychologique ; elle a besoin que vous entreteniez sa confiance en elle-même.

Alors c'est une nécessité qu'à votre tour, vous vous fassiez porter. Par vos amis et les membres de votre famille d'abord, puis vos collègues, mais aussi par les sages-femmes et le corps soignant dans son ensemble.

Parlez de vous, de vos émotions, de vos peurs et angoisses éventuelles ! Racontez-vous ! Dites ce dont vous avez envie, comment vous voyez les choses. Après tout, c'est votre naissance à vous aussi !

Accompagnement

« Toi + moi + elle... »

L'accompagnement est un maître mot pour vous et pour les sages-femmes. Votre présence permet à votre compagne d'aller, sereine, vers l'épreuve, vers l'inconnu. Vous êtes son ancrage au monde qu'elle connaît, le lien entre ce qu'elle est et ce qu'elle vit. Ainsi, elle ne se sent plus seule et peut s'abandonner à ce qui se passe. Vous la connaissez mieux que quiconque présent ce jour-là dans la salle de travail. Soyez une sorte de médiateur, de vecteur d'expression de ses peurs.

La sage-femme est aussi un accompagnant. Pour vous deux. Elle permet que l'histoire de votre naissance ne soit pas reléguée au deuxième plan, derrière la science. Elle vous permet d'aller à la rencontre de vous-même et de ce que vous vivez, sans pression culturelle, sociale ou familiale.

Qu'est-ce que je peux faire ?

Être là, tout simplement, à côté d'elle. Et puis lui tendre la main. Mais acceptez à votre tour la main tendue de la sage-femme ! Sentez-vous libre et dégagé de tout tabou.

sage-femme **pudeur** **salle de travail**

Entre nous

« Pendant que la sage-femme s'occupait de ma femme, une autre est venue me masser le dos pendant que je soutenais ma femme. Je me suis laissé aller dans ses mains après avoir eu d'abord, je l'avoue, un mouvement de recul : c'était génial ! Elle avait dû comprendre, sans que je l'exprime, que j'avais besoin moi aussi de réconfort. Je n'étais plus seul ! »

Thibault, 35 ans, papa de Manon et mari de Sabine.

Acting

« Un nouveau sport extrême ? »

Au-delà des symptômes traditionnels de la couvade, les Américains ont identifié dans les années 70 certains comportements bizarres, conduites excessives ou passages à l'acte (« **actings** ») fréquents chez les hommes qui attendent un enfant. Ils les ont nommés les « 3 F » : *Fight*, *Flight* and *Fear* (bagarre, fuite et peur).

On constate ainsi des accidents de voiture plus fréquents, des comportements grossiers en famille, certains hommes en viennent aux mains plus volontiers que d'habitude au guidon de leur scooter ou dans d'autres circonstances – y compris avec le personnel médical, lors des visites ou de l'accouchement (= *Fight*).

D'autres hommes prolongent artificiellement leurs voyages d'affaires, tandis que d'autres encore « fuient » dans la maladie (= *Flight*).

Certains, enfin, développent tout un tas de peurs ou d'angoisses (= *Fear*).

Qu'est-ce que je peux faire ?

Ces symptômes peuvent être le signe que vous êtes mal préparé à la paternité, notamment si vous êtes « primipère », c'est-à-dire que vous attendez votre premier bébé. Parlez-en à un médecin ou à tout autre spécialiste et sachez que ces actings s'arrêtent le plus souvent quelques semaines après l'accouchement.

couvade

Entre nous

« Une sage-femme m'a dit un jour : "Papa nourrit maman qui nourrit le bébé". Mais qui nourrit le papa alors ? J'ai compris que c'étaient les autres, l'extérieur. La famille, les collègues de bureau, les potes... J'avais besoin d'aller puiser des félicitations, des éclats de rire. J'avais besoin d'une vie sociale – même si ça ne plaisait pas toujours à ma compagne – pour me nourrir et lui restituer tout ça à elle et au bébé, comme des vases communicants. »

Henry, 33 ans, papa de Sarah et mari d'Élodie.

Admission

« Je suis le mari de la dame enceinte ! »

Une maternité publique est souvent tentaculaire – sorte de ville dans la ville. Idéalement, mieux vaut repérer le lieu quelques jours avant. Si on est perdu dans les allées en arrivant à la maternité, il n'y a qu'à suivre les panneaux « Urgences maternité » ou « Urgences gynéco-obstétrique ». Si c'est la nuit, il faut sonner : une infirmière ou une sage-femme viendra à votre rencontre. À ce moment-là, la femme est parfois un peu vulnérable, émue. L'homme peut décliner l'identité de sa compagne et expliquer la raison de la visite. Immédiatement, la sage-femme de garde examinera la femme, contrôlera sa tension artérielle, sa température, effectuera une palpation utérine et un toucher vaginal pour vérifier la dilatation du col.

Qu'est-ce que je peux faire ?

Ne laissez pas la sage-femme vous demander d'attendre à l'extérieur de la pièce : entrez avec votre compagne. Vous devez être « dans » la grossesse et il est également important de créer un lien avec la sage-femme qui vous accompagnera pendant tout le travail et la naissance.

accouchement **maternité** **sage-femme**

Entre nous

« J'ai préparé la valise avec elle. Comme ça, je n'ai pas eu à me demander ce qu'était le "body", le "pyjama" ou la "grenouillère" dans la salle de travail au moment où la sage-femme a voulu l'habiller. Et puis, c'était une façon d'échanger avec elle et de m'ancrer dans un moment de grande émotion : on a choisi ensemble le petit pyjama que notre fille porterait à son arrivée. »

Fred, 43 ans, papa de Carla et mari de Corinne.

Allaitement

« Ils sont à qui ces seins ? »

Certains hommes – vous, peut-être – se représentent la relation à l'enfant uniquement sur un mode nourricier. Le problème, c'est que si leur compagne décide d'allaiter, ils se sentent dépossédés d'une partie de leur rôle. Sans compter que l'**allaitement** remet en cause, selon eux, l'intimité du couple. Il faut accepter de passer du sein érotique au sein nourricier. L'allaitement est évidemment le choix de la femme, car il s'agit de son corps ; néanmoins, vous pouvez en discuter ensemble avant la naissance. Faites-vous expliquer le mécanisme de l'allaitement pour vous sentir plus impliqué et trouver votre place.

Qu'est-ce que je peux faire ?

Faites-lui part de votre envie de nourrir le bébé et du sens que vous y mettez, évitez surtout les non-dits. On peut toujours trouver un compromis dans les biberons de complément. Vous verrez que l'alimentation n'est qu'un temps parmi d'autres (il y a le bain, les soins, le rituel du jeu...) et que vous n'avez pas besoin de le nourrir pour créer ensemble ce lien père/enfant. Surtout, vous devez aider votre compagne à choisir librement si elle veut allaiter ou non.

jalousie **bombe** **seins** **place**

Ambulance

« Vous pouvez nous emmener à la maternité ? »

Ce n'est pas parce que vous n'avez pas de voiture, ni même le permis de conduire, que vous avez le droit d'appeler une **ambulance** en toutes circonstances... ça, c'est dans les films !

En cas d'urgence – votre compagne a perdu les eaux, vous êtes loin de chez vous et n'avez pas le temps de rentrer et elle panique, les contractions s'intensifient, elle ressent l'envie de pousser... –, vous pouvez appeler le 15 et le centre régulateur (SAMU) vous enverra une ambulance de garde. Si vous avez un doute, appelez de toute façon : le médecin régulateur que vous aurez en ligne, qui a un vrai rôle de conseil, décidera des moyens à déployer en fonction de la situation : ambulance privée, pompiers... Éventuellement, il vous conseillera de rester encore un peu à la maison.

contractions maternité taxi admission

Bonapace

« Et si j'appuie ici, tu les sens les endorphines ? »

Récemment importée du Québec, la méthode Bonapace vise surtout à agir sur la douleur. Partant du principe que le lien parents-bébé est facilité s'il n'y a pas d'intervention pendant l'accouchement et si le stress est diminué, elle implique totalement le père : sa présence facilite le vécu de la sensation douloureuse.

Cette méthode, qui se déroule en quatre cours, se fonde essentiellement sur trois principes : dévier l'attention (images positives, visualisation), massages « douloureux » (massage léger des points d'acupuncture de la fesse, des pieds, des mains et du sacrum pendant les contractions) et « non douloureux » (détente entre chaque contraction).

Qu'est-ce que je peux faire ?

Dans l'action (le massage), vous trouverez plus facilement votre place, vous vous sentirez valorisé et compétent. Il se peut qu'à un moment, votre compagne ne supporte plus qu'on la touche : à vous de prendre un peu de distance et de lui conseiller de se focaliser sur sa respiration.

Renseignements sur *www.bonapace.com*.

massages **toucher** **salle de travail** **douleur** **préparation**

Bricoleur

« Si j'avais un marteau... Je cognerais le jour ! »

On sait que le futur papa aime bricoler et prendre en charge la préparation de la chambre du futur bébé. Il aménage la « grotte » en quelque sorte, exactement comme ses ancêtres. Depuis toujours, cette tâche est l'apanage de l'homme : il est celui qui construit le nid du tout-petit. C'est sa façon de découvrir la responsabilité ! Même celui qui n'est pas **bricoleur** se voit placé d'office dans ce rôle-là : il faut qu'il prépare, qu'il répare pour que tout ce petit monde – la maman, le bébé et les frères et sœurs – soit protégé, qu'il n'y ait pas le moindre nuage ou danger au-dessus de leur tête.

Qu'est-ce que je peux faire ?

Même si on n'est pas très bricoleur, même si on n'aime pas monter une armoire IKEA®, il est important de prendre ce rôle-là. C'est une façon facile de matérialiser sa paternité, mais plus profondément, c'est aussi un rite de passage. Préparer la chambre, et plus généralement transformer la maison, c'est s'ancrer dans la paternité à venir. Comme aller déclarer son enfant à l'État civil, pareil !

compétence **protecteur** **masculinité**

Bureau

« Sylvie, vous me passerez le dossier GANPI !? »

Le bureau : voilà un lieu refuge parfois, aussi bien avant – quand on veut prendre un peu de distance avec la grossesse – qu'après la naissance, quand on veut souffler ! Mais c'est aussi le premier endroit de votre engagement pour l'égalité homme-femme !

C'est ici que vous devrez affirmer que vous n'êtes plus seulement un homme au travail, mais un homme qui devient père et que, du coup, les organisations et les disponibilités vont changer ! C'est là que, maintenant, vous regarderez d'un œil attentif et bienveillant votre collègue enceinte ou bientôt papa.

Tous ensemble, on peut faire changer les paradigmes de la temporalité, et de l'efficacité au travail, et ainsi, éviter les souffrances des femmes qu'on met de côté quand elles sont enceintes ou mères et celle des hommes à qui on demande d'oublier, entre 8 h 30 et 21 heures, qu'ils sont pères !

Qu'est-ce que je peux faire ?

Éviter d'organiser (ou d'accepter) des réunions tardives. Porter votre regard non pas sur le temps que vous y passez, mais sur l'efficacité de ce que vous y faites. Arrêter de penser que si vous n'êtes pas capable de faire votre travail dans le cadre légal d'une journée de travail, c'est que vous n'êtes pas performant !

En pensant à sa compagne, on peut avoir un peu plus de sollicitude vis-à-vis des autres femmes enceintes. On peut ainsi prendre le relais d'une collègue enceinte en la soulageant de certaines tâches. Et crier haut et fort votre responsabilité de père !

définitivement **masculinité** **acting** **fuite**

Entre nous

« Quand j'ai repris le boulot après le congé paternité, je n'étais pas bien ! Je voulais rentrer pour voir mon bébé et avoir du temps avec lui. Alors, j'étais irritable et je n'avançais pas sur mes dossiers. J'étais mal au bureau et mal à la maison, car je culpabilisais. Je me suis dit que c'était parce qu'on m'avait construit comme ça, alors je me suis rebellé. J'ai refusé les rendez-vous et les réunions tardifs. Ça a été dur, une vraie lutte contre moi-même, mais je ne le regrette pas, et maintenant, le pli a été pris, on me demande si je suis disponible quand parfois, malgré tout, on doit en organiser une le soir. »

Thierry, 38 ans, papa de Solène et mari d'Anita.

PAS DE RÉUNION MARDI SOIR, J'AI SPECTACLE DE DANSE !
PAPA
PAPA

Césarienne

« Des voies pas si naturelles ! »

Cette intervention chirurgicale consiste à extraire le bébé du ventre de la maman en incisant l'utérus. Le mot « **césarienne** » vient du latin *caesar*, qui veut dire « enfant né par incision »… ça, c'est cadeau, juste pour frimer à la maternité !

C'est un obstétricien qui s'y colle et pas une sage-femme. Il s'écoule moins de 10 minutes entre l'incision et la sortie du bébé ; ensuite, on recoud, ce qui prend 30 minutes. Pour des raisons d'asepsie (milieu stérile), certaines maternités refusent la présence du père pour les césariennes d'urgence (non programmées) ! C'est une aberration, car le papa peut tout à fait se plier aux mêmes règles d'hygiène que le personnel (lavage de mains, blouse, charlotte, chaussons).

Vous êtes à côté de la tête de votre compagne derrière un champ opératoire, une sorte de drap qui cache le ventre – vous ne voyez rien et elle non plus ! Si la césarienne est prévisible (ou si elle ne l'est pas, d'ailleurs), négociez au préalable votre présence et choisissez votre établissement sur ce critère-là aussi !

Qu'est-ce que je peux faire ?

Votre présence permettra de rassurer votre compagne dans ce moment difficile pour elle : cette intervention chirurgicale peut lui donner le sentiment de « rater » son accouchement. Elle vous donnera également l'occasion de vivre des instants privilégiés avec votre enfant, puisque c'est à vous, heureux papa, qu'il sera confié en attendant que la suture soit faite.

Non seulement vous prendrez le relais de maman, momentanément indisponible, mais ce sera une façon de créer un lien très fort dès les premiers instants… vous pourrez même lui donner son premier bain !

salle de travail **obstétricien** **maternité** **sang**

C.H.U.

« Et qu'est-ce qui me prouve que vous n'êtes pas étudiant ? »

Ça change quoi d'accoucher dans un centre hospitalier universitaire ? Dans un hôpital-école, on accepte de croiser dans les couloirs, mais aussi les salles de travail, des apprentis obstétriciens ou sages-femmes (pour ces dernières, c'est en province, où leurs écoles sont intégrées aux **C.H.U.**).

Un interne est susceptible de prendre les forceps. Quand on accouche dans un C.H.U., on accepte, par principe, la présence d'un étudiant : c'est son lieu de formation après tout ! Sur la blouse, vous lirez *externe* (début de cursus général), *interne* (cursus de spécialisation), ou *étudiant sage-femme*. Si vous voyez *docteur* ou *sage-femme*, il s'agit des chefs, des « chaperons » de ces étudiants.

Soyez tranquille : aucun acte (épisiotomie, sortie du bébé...) ne sera pratiqué par un étudiant sans que son référent ne soit au courant et n'exerce une surveillance.

Qu'est-ce que je peux faire ?

Si vous n'êtes pas rassuré, dites-le ! Demandez qui est qui, car personne ne se présente en général. Sachez que vous êtes en droit de demander que le responsable pratique l'acte à la place de l'étudiant. Vous pouvez même demander en quelle année est l'étudiant sage-femme.

Quoi qu'il en soit, avoir comme interlocuteur un étudiant peut être un atout pour vous et votre compagne : il est souvent plus disponible, ne s'occupe pas de plusieurs femmes en même temps. Il peut même être un excellent médiateur !

maternité **niveau** **label**

Clinique

« J'appelle pour réserver une chambre double DeLuxe ! »

On appelle ça désormais l'« hôpital privé » comme pour rassurer les patients (eh oui, dans « hôpital privé », il y a « hôpital » !). Les cliniques sont des entreprises de soins et de santé, et à ce titre, ont un souci de rentabilité.

Certaines sont conventionnées, d'autres non : mieux vaut faire ses calculs avant d'être obligé de sortir sa carte Gold par surprise. Si dans le public, vous ne devez régler que les frais de confort, dans le privé vous payez chaque praticien à l'acte – et les anesthésistes ou les obstétriciens pratiquent souvent des dépassements d'honoraires.

On n'y voit pas de sage-femme en consultation ni en échographie – juste pendant l'accouchement – et c'est votre gynécologue-obstétricien qui mettra au monde votre enfant (sauf si l'accouchement a lieu le week-end ou la nuit).

La **clinique** joue sur le confort (chambres seules, prestations quasi hôtelières dans les maternités des cliniques non conventionnées) et la restauration (la cuisine est généralement bonne !).

Méfiez-vous des établissements où il ne semble pas y avoir d'échanges entre les praticiens !

maternité **niveau** **label** **sage-femme** **gynéco**

Compétence

« Je dois prendre rendez-vous pour un bilan ? »

Une des craintes de l'homme qui attend un enfant, c'est de « ne pas savoir s'y prendre », d'être maladroit, pataud, pire encore : incompétent. Rassurez-vous : on devient père grâce au bébé, c'est lui, d'une certaine manière, qui vous apprend, qui vous rend compétent. « Le nouveau-né est doué de tous les possibles », écrivait la philosophe allemande Hannah Arendt.

Peu d'hommes, c'est vrai, se sont déjà occupés d'un bébé avant d'en avoir un, contrairement aux femmes qui ont souvent déjà eu un nouveau-né dans les bras, notamment par le biais du baby-sitting. Le danger, c'est que cette peur conduise le père à « rendre » le bébé à la maman sous prétexte qu'elle sait mieux y faire et que la distance se creuse petit à petit entre vous et ce petit bout.

Qu'est-ce que je peux faire ?

Après la naissance du bébé, vous ferez de cette faiblesse une force : si on ne lui a pas appris grand-chose pendant la grossesse, un homme, pour peu qu'il soit mis en confiance, est très spontané dans ses gestes.

Osez aller à la rencontre de votre bébé ; par exemple, s'il est nourri au biberon, profitez de la nuit, quand personne ne vous regarde ni ne vous juge, pour vous occuper de votre bébé à votre manière.

N'essayez pas de faire comme l'autre : ce qui est structurant pour cet enfant, c'est la différence d'approche entre papa et maman.

N'ayez pas peur, car la compétence d'action comme la compétence de réponse sont partagées par vous et le bébé : il vous aidera à devenir père, il suffit de bien l'observer. Expérimentez : il vous « dira » si ça ne va pas !

préparation **groupes (de parole)** **définitivement**

Entre nous

« Je ne me sentais pas concerné par cette grossesse, j'avais honte de tout ça. Et puis, un jour, elle m'a confié des tâches valorisantes : m'occuper des démarches administratives à la maternité, acheter le berceau (je sais en plus qu'elle y tenait beaucoup), choisir les faire-part... Je me suis senti respecté dans mon rôle de père et ça a tout changé ! »

Harold, 37 ans, papa de Louise et mari de Ludivine.

Congé

« Partez devant, je vous rattrape ! »

À compter du 1er juillet 2021, la durée du congé paternité passe de 11 jours consécutifs (ou 18 jours consécutifs pour les naissances multiples) à 25 jours calendaires (ou 32 jours calendaires pour les naissances multiples). Cette période comprend les 3 jours légaux du « congé de naissance ».

Devenu « congé de paternité et d'accueil de l'enfant » depuis le 1er janvier 2013, ce droit est offert à toute personne vivant maritalement avec la mère, indépendamment de son lien de filiation avec l'enfant qui vient de naître. Comme dans le cas du congé de maternité, les salariés ne sont pas rémunérés par l'employeur, mais par la Sécurité sociale : au 1er janvier 2021, ils bénéficient d'une indemnité journalière maximale de 89,03 € (certaines conventions collectives imposent à l'employeur de compléter la rémunération afin de maintenir tout ou partie du salaire).

S'il n'est pas pris dans les 4 mois qui suivent la naissance, ce congé est purement et simplement perdu.

Qu'est-ce que je peux faire ?

Ce congé est une aubaine : vous aurez tout le loisir de faire connaissance avec ce bébé, de découvrir son caractère, ce qu'il aime et ce qu'il n'aime pas. Lorsque vous repartirez au bureau, votre compagne sera rassurée car elle aura pris ses marques.

CAF

Entre nous

« J'ai demandé fermement à suivre le pédiatre quand Marius a eu besoin de soins à la naissance. Je lui ai pris la main et je me suis plongé dans ses yeux. Il n'a rien dit lorsqu'on lui a fait un prélèvement ! Là, j'ai senti que je devenais père. Ça m'a pris au ventre, dans les tripes : il me prenait. »

Thierry, 31 ans, papa de Marius, 3 ans, et mari de Gena.

Contractions

« Ça fait un mal de chien ce truc ! »

L'utérus est un muscle composé de fibres qui se contractent pendant la grossesse, mais aussi pendant les règles. Les **contractions** utérines sont involontaires, totales et douloureuses.

Perceptibles à partir du 4e mois chez certaines femmes, elles sont indispensables à terme : elles sont le moteur qui permet l'évolution du « travail », et finalement, l'accouchement. Augmentant en intensité et en fréquence, elles effacent progressivement le col et le dilatent tout en faisant descendre le bébé.

L'évolution de la dilatation s'exprime en centimètres : la dilatation totale est de 10 centimètres – les papas aiment beaucoup parler de la dilatation du col à leur entourage, manière pour eux d'exprimer leur maîtrise technique (« Elle est à 6 cm, ma meuf ! »).

Si vous regardez son ventre pendant une contraction, qui dure de 15 à 45 secondes, vous verrez qu'il se contracte et change de forme. Si vous touchez son utérus, vous le sentirez tout dur. Puis, en 1 minute à peine, il se relâchera et redeviendra souple comme avant.

Qu'est-ce que je peux faire ?

Deux heures de contractions toutes les dix minutes, c'est un bon repère pour savoir qu'il faut partir à la maternité. Ceci est théorique car le meilleur marqueur reste les sensations de votre compagne : elle saura arriver à la maternité au bon moment, ni trop tôt, ni trop tard. Les hommes ont tendance à accompagner leur femme trop tôt à la maternité. Alors, ne vous affolez pas à sa place !

travail **maternité** **Braxton Hicks**

Couvade

« J'ai pas un peu grossi, chérie ? »

De la couvade, on connaît vaguement le rituel ancestral : dans certaines civilisations, le père est soumis à des interdits alimentaires et à des régimes pour assurer la survie de la femme et de l'enfant. Au moment de la naissance, il « imite » la femme en travail, se couche, se tord de douleurs apparentes... Une façon d'exprimer socialement sa paternité.

Chez nous, le « syndrome de **couvade** » se manifeste souvent au cours du 3e et du 9e mois par des symptômes digestifs (nausée, douleurs à l'estomac), des lombalgies, des troubles du sommeil, bien réels, eux. On a coutume de dire que les hommes mettent en maux ce qu'ils ne peuvent exprimer en mots.

Qu'est-ce que je peux faire ?

La couvade est l'expression d'une conversion (l'homme entre dans le temps de la paternité) et non une identification à la mère, comme on le dit souvent. Des études ont constaté que la préparation à la naissance prévenait en grande partie ces symptômes. Inscrivez-vous à un groupe de parole pour futurs pères !

acting | préparation | groupes (de parole) | définitivement

Entre nous

« J'avais lu quelque part que les singes mâles prennent du poids quand leur femelle est enceinte ! Quand j'ai vu que je commençais à gonfler, que je perdais mon calme, que j'avais des nausées et des fringales, j'ai eu peur d'en parler à qui que ce soit. Je trouvais ça déplacé par rapport à elle qui portait notre enfant. Quand j'ai compris que c'était ma façon à moi d'intégrer cette paternité et de vivre cette mue, cette transformation un peu étrange, j'ai été rassuré et j'ai laissé venir les choses. »

Thomas, 40 ans, papa de Josépha et mari de Jeanne.

Cri (Premier)

« Docteur, je n'ai rien entendu ! »

Selon le philosophe Hegel, le nouveau-né affirme dans son premier cri « toute l'étrangeté et l'inhospitalité du monde ! » : le premier cri est donc un appel à la sécurité. Il vous crie : « T'es où, t'es où ? ». Et vous le prendrez dans vos bras ou le caresserez sur la poitrine de sa maman pour lui dire « Je suis là ».

Quelques secondes avant de naître, le bébé vivait encore de l'oxygène que lui procurait sa maman *via* le cordon ombilical. Ce qu'on appelle « cri » correspond à un brusque appel d'air dans les poumons. Une fois le cordon sectionné, les alvéoles pulmonaires qui étaient fermées se déplient, les muscles respiratoires se mettent en action. Mais pour ouvrir ces alvéoles, il faut une inspiration vive et de grande amplitude : lorsque l'air rencontre les cordes vocales, il produit ce cri tant attendu.

Contrairement à l'imagerie populaire, la sage-femme n'a pas besoin de donner une tape sur les fesses au nouveau-né : elle lui frotte parfois le dos ou les pieds.

Il se peut même que le bébé ne crie pas du tout. Pas de panique ! Ça n'a rien à voir avec sa bonne santé. Ce qui compte, en revanche, c'est qu'il change bien de couleur : il doit passer du bleu au rose.

rythme **animalité** **Apgar**

Entre nous

« Quand soudain j'ai entendu son cri, je me suis figé dans une position que je n'ai plus quittée pendant quelques longues secondes. Je me suis dit que la vie ne pourrait jamais plus être la même. Enfin, elle prenait toute sa saveur ! »

Thibault, 38 ans, papa de Théo et mari de Jean.

Définitivement

« Tout a changé dans ma vie ! »

C'est comme dans la belle chanson de Grand Corps Malade, *Définitivement*, qui dit : « Tu vas bousculer ma vie, définitivement ». On peut ressentir une sorte d'étourdissement à l'annonce de la grossesse, et ce d'autant plus qu'on ne se sent pas forcément prêt (l'est-on d'ailleurs jamais ?).

Un enfant, c'est un engagement à vie, même si on s'en occupe peu (je plaisante, Madame, je vous vois là, qui êtes en train de lire pardessus l'épaule de votre chéri !). On peut décider de quitter sa femme ; un enfant, en revanche, ça ne se quitte pas ! (je re-plaisante !). On est le père de cet enfant pour l'éternité... au moins.

Dès qu'on apprend la grossesse, les objectifs changent, les priorités aussi. On a le sentiment qu'on sera ficelé, que sa vie d'homme n'existera plus. On prend conscience de cet engagement absolu et écrasant. Il n'y a pas de possibilité d'arrêter la machine sauf en fuyant, et encore !

Qu'est-ce que je peux faire ?

Parlez de vos tiraillements à des proches ou en consultation. Vous n'êtes pas seul à les vivre et même les femmes passent par là.

Laissez du temps au temps : vous avez 9 mois pour vous préparer. Et n'ayez pas peur, car, quand l'enfant est là, cette responsabilité et cette présence ne sont pas un fardeau, mais un cadeau !

peur **pères** **groupes (de parole)**

Entre nous

« Dès l'annonce, je me suis senti père – je ne voulais pas qu'on dise "papa" : pas assez sérieux, pas assez grand ! –, je faisais plus attention à moi, à mon sommeil, à mon alimentation, à ma façon de conduire : c'est comme si j'étais envahi par une obligation de présence, une responsabilité soudaine. »

Max, 44 ans, papa de Sacha et mari de Sonya.

Dilatation

« Ma femme est à 6 : elle est formidable ! »

Sous l'effet des contractions, le col de l'utérus se dilate petit à petit de 1 centimètre par heure environ, de 0 (col fermé) à 10 cm (dilatation complète) – sachant que les 5 premiers centimètres sont les plus longs à atteindre. On parle jusque-là de « phase de latence » du travail.

Puis, après 5 cm, le travail passe dans sa phase active et tout s'accélère. La façon la plus simple de mesurer cette dilatation, c'est de le faire avec les doigts. La sage-femme ou l'obstétricien effectue pour cela un toucher vaginal (on a essayé tout un tas d'autres techniques, mais rien ne fonctionne mieux que ça). On parle d'ouverture à « un doigt » ou à « deux doigts », puis on calcule en centimètres.

Sachez que le rythme des contractions s'accélère quand la dilatation atteint 7 cm. À ce stade, il y a de fortes chances pour que votre compagne et vous-même partiez en salle de travail, si ça n'est pas déjà fait. Voilà, vous savez presque tout !

Qu'est-ce que je peux faire ?

Il faut que le col ait atteint sa dilatation complète pour que l'utérus soit complètement ouvert et que le fœtus puisse entrer dans le petit bassin et en sortir. Laissez faire le temps. Quand l'ouverture du col atteint 5 cm, la moitié de la dilatation est réalisée, mais aussi les trois quarts du travail. Massez-lui l'extérieur de la jambe, en partant du genou pour terminer sur le petit orteil. Cela favorise la descente de l'énergie et accélère la dilatation.

utérus **contractions** **travail** **massage** **toucher**

Durée

« Pour Édith, ça a pris au moins 20 heures ! »

Long, pas long, l'accouchement ? On a tous entendu des histoires terribles (les amis et les proches en général sont toujours bien intentionnés !), des accouchements qui auraient duré 18, 20, voire 24 heures… Ça ne donne pas envie d'y aller, même si on est sportif de haut niveau… 24 heures sur le ring !

Certaines femmes pensent que l'accouchement démarre à la maternité, pas avant. Et puis on perd la notion du temps, la naissance est un temps suspendu. Pendant un examen, certaines femmes, surprises, disent : « Mais vous venez de m'ausculter ! », alors que le dernier passage de la sage-femme remonte à 1 h 30 ! On ne voit pas le temps passer dans une salle de naissance, comme on perd la notion de la vitesse dans un avion. Le temps n'est plus celui de l'horloge mais celui de l'esprit, de l'émotion, psychologique. Le temps redevient « long » quand la dilatation n'est pas harmonieuse, que l'ouverture du col ne progresse pas. C'est interminable !

La vraie **durée** de l'accouchement est à calculer entre les premières contractions efficaces (régulières, donc) et la « délivrance » (l'expulsion du placenta). Un accouchement, en vrai, dure entre 4 et 18 heures.

Qu'est-ce que je peux faire ?

Entrez dans le temps de la femme, le temps de l'autre (si l'homme est connecté à sa compagne, ça vient tout seul). Laissez la montre à la maison.

contractions terme rythme calme

Envies

« Va m'acheter des Marennes-Oléron ! »

La cause des envies de la grossesse n'a jamais été totalement élucidée et ce n'est pas nous, ici, qui allons vous révéler la clé du mystère !

Une théorie, pas plus bête qu'une autre, considère que le corps est naturellement conscient de ses besoins nutritionnels. Les fameuses **envies** qui font parfois sourire serviraient donc à les satisfaire. Par ailleurs, attendre un bébé implique de renoncer à ne s'occuper que de soi-même. Au début de la grossesse, l'organisme consomme plus rapidement certains apports et se retrouve parfois en état de manque. Pas étonnant que votre compagne ait envie de viande rouge, de légumineuses riches en fer ou de laitages. En fin de grossesse, les lubies alimentaires ont plutôt une cause psychologique. Les envies intempestives (« Je veux des fraises là, maintenant ! ») sont pour elle une façon de repousser l'échéance en se faisant dorloter comme une princesse.

Qu'est-ce que je peux faire ?

On pourrait présenter les choses ainsi : il faut savoir en sourire sans jamais s'en moquer. N'hésitez pas à lui faire plaisir et à vous mettre en quatre pour votre bien... à tous les trois ! Tant que vous n'en devenez pas esclave, il n'y a aucun problème.

nausées **larmes**

Épisiotomie

« C'est écrit "maternité", pas "boucherie" ! »

Les gars n'en parlent pas (ou alors en serrant très fort les cuisses !) ; les femmes, elles, disent « épisio » (sans doute pour rendre cet acte médical plus sympathique !). Il s'agit de l'incision du périnée (l'ensemble des muscles soutenant les organes génitaux, de la vulve à l'anus) sur 3 à 4 centimètres, pratiquée au cours de l'accouchement au moment où la tête du bébé apparaît. L'objectif est d'« agrandir la sortie ».

Pratiquer une **épisiotomie**, c'est préférer une coupure nette, propre et facile à recoudre à un déchirement des tissus provoqué par le passage du bébé.

Si une femme sur deux subit ce petit coup de bistouri, rien ne justifie en revanche l'épisiotomie systématique ! Selon les recommandations de l'OMS, il ne devrait pas y avoir plus de 10 % d'épisiotomies. Elle est indispensable dans un cas seulement : si la distance entre la vulve et l'anus est très (trop) courte.

Sachez qu'une épisiotomie peut retarder la reprise des rapports sexuels normaux par appréhension de la femme (un bon mois de patience).

Qu'est-ce que je peux faire ?

Vous pouvez, avec son accord, masser cette partie du périnée dans sa partie superficielle, entre la vulve et l'anus, au cours du dernier mois de grossesse, histoire de l'assouplir.

Surtout, pendant l'accouchement, votre compagne doit préciser si elle préfère qu'il n'y ait pas d'épisiotomie (à vous de relayer cette demande auprès de l'équipe).

forceps périnée salle de travail

Fausse couche

« Tu sens quelque chose, toi ? »

La fausse couche est une interruption spontanée de la grossesse avant que le fœtus ne soit viable. L'OMS la définit comme « l'expulsion spontanée d'un fœtus de moins de 500 g ou de moins de 22 semaines de grossesse ». Environ une grossesse sur huit aboutit à une fausse couche spontanée.

Votre compagne ressent probablement cette peur de perdre cet enfant, de « n'être pas à la hauteur de la grossesse », voire d'être une « mauvaise maman » car incapable de mener à terme cette grossesse.

De votre côté, vous n'avez pas de sensations directes de ce qui se passe, vous ne sentez pas ce bébé bouger. Comment être sûr qu'il est en bonne santé ?

Les raisons des **fausses couches** sont nombreuses, mais l'une des plus fréquentes, c'est l'anomalie génétique. La nature fait une sélection et n'autorise pas la poursuite de la grossesse car l'embryon n'est pas viable !

À partir de 12 semaines, le risque de fausse couche devient très minime. C'est même pour ça que la première visite chez le médecin ou la sage-femme est programmée pile-poil à ce moment-là.

Il y a une autre explication à cette peur irraisonnée : la périnatalité française place la pathologie en première ligne dans la grossesse (contrairement à nos pays voisins qui définissent la grossesse comme normale en premier lieu). Du coup, on finit par penser que sans la science, la femme enceinte n'est pas « capable », que le risque est grand. Rien n'est fait finalement pour vous rassurer !

Qu'est-ce que je peux faire ?

La seule chose à faire est d'avoir confiance. Confiance en cet embryon, confiance en la femme, confiance en la vie... et d'attendre. Déjà, quand les mouvements actifs sont ressentis par monsieur, les peurs diminuent, car on sait que l'enfant va bien. Remettez les choses dans l'ordre : dites-vous bien que la grossesse est avant tout un événement normal – pour ne pas dire banal. Faites confiance aux outils de la science médicale qui sont nombreux à être capables de dépister les anomalies et à les prendre en charge dès qu'elles surgissent.

mort

Fréquence

« Jungle ou techno ? »

Le rythme cardiaque du fœtus est entre 120 et 160 battements par minute. Il doit accélérer spontanément et lors des stimulations du bébé, mais ne pas ralentir. C'est la répétition ou la forme des ralentissements, la baisse de réactivité et de variabilité qui sont interprétées par la sage-femme. Toute variation d'un ou de plusieurs de ces paramètres conduit à surveiller de plus près le fœtus, et parfois, à effectuer des examens pendant le travail afin de vérifier le retentissement de ces anomalies sur le bébé. Une césarienne peut ainsi être décidée pour écourter le travail et la souffrance éventuelle du bébé.

Qu'est-ce que je peux faire ?

Confiance ! Car cette interprétation relève de l'expertise des sages-femmes et des médecins. Mais aussi comprendre, pour ne pas vous inquiéter quand vous entendez le cœur ralentir – même si on vous dit que tout va bien.

monitoring contractions

Fuite

« Chéri, tu penses rentrer cette année ou pas ? »

Que fuient les hommes lorsqu'ils semblent s'absenter, au moins en ce qui concerne l'implication, au moment de la naissance ? L'homme se trouve dans un temps suspendu très angoissant pour lui : il n'est plus l'adolescent qu'il était et pas tout à fait le père qu'il sera. Il devient un adulte à part entière pour la toute première fois : il change de famille et construit désormais la sienne. Cet instant est tout simplement vertigineux ! Il décide parfois de « fuir » dans le travail en rentrant de plus en plus tard ; de « fuir » dans le sommeil ; de « fuir » dans la maladie – certains doivent se faire hospitaliser pour des vomissements chroniques ou une crise d'appendicite.

Ce syndrome a été décrit par des psychanalystes américains sous le nom de *Flight* (qui signifie **fuite**, voir page 32). En fuyant, le futur papa suspend le temps pour l'empêcher de le capturer, de le dévorer.

Qu'est-ce que je peux faire ?

Comme aucun suivi régulier n'est proposé à l'homme (au contraire de la femme, qui bénéficie de 7 séances de préparation à l'accouchement et de rendez-vous chez le gynéco), il se protège comme il peut : il s'évanouit dans le présent devant un futur incertain. Cela peut se traduire par un abandon du bébé et de sa maman pour partir loin, très loin.

Pour éviter cette « chute », il faut que votre compagne vous aide à remettre le filet de protection sous le funambule que vous êtes ! Il faut vous aider à réintégrer la grossesse, à vous impliquer de nouveau – en venant aux séances de préparation, par exemple.

Si vous vous sentez sur le point de déserter, de perdre le fil, parlez-en à votre compagne. Vous pouvez aussi vous livrer à la sage-femme en charge de la préparation qui saura vous conseiller un bon interlocuteur. Votre généraliste peut également vous aider.

acting définitivement père

Entre nous

« On a mis longtemps à avoir cet enfant ! On a eu recours à l'assistance médicale à la procréation... Mais dès qu'elle a été enceinte, ça a été comme si le temps s'accélérait, tout allait trop vite pour moi. Je ne l'ai dit à personne, personne... Je ne savais pas si j'allais rester. Et puis j'ai traîné dans les couloirs à la maternité. J'ai entendu le premier cri de mon fils, et je l'ai vu. J'ai pleuré. C'était lui ! J'étais là pour le reste de ma vie ! »

Auguste, 39 ans, papa de Théo et compagnon de Nathalie.

Gonadotrophique

« C'est quoi ton petit nom ? »

L'hCG (rien ne vous oblige à l'appeler par son nom savant « hormone chorionique gonadotrophique ») est sécrétée en grande quantité par le placenta dès la nidation de l'embryon dans l'utérus. Elle est sécrétée par le corps jaune (juste après l'ovulation) ovarien pendant 7 semaines puis par le trophoblaste (devenant le placenta). Elle favorise la sécrétion de progestérone, hormone myorelaxante, et donc permet le maintien de la grossesse. Elle a aussi un rôle sur la sécrétion des stéroïdes des gonades fœtales.

C'est sa présence qui est recherchée lors du test de grossesse car elle est détectable dans le sang dès le dixième jour après l'ovulation, et dans les urines les jours suivants.

Le taux d'hCG atteint son pic à la 8e semaine et chute à partir de la 14e semaine d'aménorrhée. C'est un vrai soulagement pour les femmes enceintes car cette progression moindre d'hCG est synonyme de disparition des satanées nausées !

embryon **hormones** **test de grossesse**

Gynéco

« Le meilleur ami de ma femme »

La même appellation recouvre en réalité deux formations distinctes (comptez 11 ans pour chacune d'elles) et deux métiers sensiblement différents : la gynécologie obstétrique (le médecin qui a choisi cette voie est spécialiste de la grossesse, pratique la césarienne, peut prendre en charge les pathologies des femmes) et la gynécologie médicale (le médecin qui a suivi cette formation ne s'occupe que de la gynécologie de prévention et ne peut pas suivre la grossesse au-delà de 7 mois).

À l'hôpital, on ne croise pas d'obstétriciens dans les salles de naissance, sauf s'il y a une pathologie quelconque, une césarienne à pratiquer ou un recours aux forceps.

En clinique, en revanche, c'est un obstétricien qui pratique la phase d'expulsion : cet acte lui est payé, alors il a intérêt à prendre les commandes après que la sage-femme a assisté à tout le travail.

sage-femme · clinique · maternité · C.H.U.
entretien · médicalisation

Imaginaire

« Tu seras Président, mon fils ! »

Pendant la grossesse, les hommes – tout comme les femmes d'ailleurs – « rêvent » leur bébé et leur relation avec lui. Pendant cette phase, vous l'imaginez avec toutes les qualités du monde : (très) beau/belle, brillant(e) archéologue, (très) drôle...

Mais vous imaginez aussi votre rôle de père en vous basant sur des tas de figures paternelles (votre propre père, l'oncle de votre meilleur ami, un acteur célèbre, pourquoi pas). Le bébé est déjà né dans votre tête, il porte les habits d'une personnalité rêvée par vous et sa maman ! Ce bébé **imaginaire** est l'enfant que l'on aimerait avoir, la nostalgie de l'enfant qu'on a été ou qu'on aurait aimé être.

Dès que le nouveau-né apparaît, on entre dans une phase de deuil : cet enfant que vous aimez déjà, il ne correspond cependant pas à celui que vous aviez rêvé.

Il faudra quelques jours, parfois quelques semaines, pour aimer cet enfant tel qu'il est, pour accepter le fait qu'il sera lui-même, avec ses qualités et ses défauts.

Qu'est-ce que je peux faire ?

L'observer. Et comprendre que s'il n'est pas parfait, il est néanmoins unique : c'est le vôtre. Petit à petit, l'enfant réel deviendra irremplaçable.

haptonomie **ressemblance** **mouvements**

Livret

« Un guide de la paternitude »

Inventé en 2001 par Ségolène Royal – alors ministre déléguée à la Famille (et envoyé par notre chère CAF ou à télécharger), le livret de paternité souligne « la place et le rôle du père » en lui apportant, avant même la naissance, des informations juridiques et pratiques.

C'est court – 12 pages –, simple et clair, un peu officiel (il y a la bannière « Liberté, Égalité, Fraternité » et la trombine de Marianne qui a l'air de dire : « Tu vas pas te carapater, hein ? Tu vas l'assumer ta paternité !? ») et, quand on le reçoit, on est... comment dire... tout chose.

Mine de rien, ce fascicule est une façon de souligner solennellement que la parentalité n'est pas seulement une affaire de femmes – car il existait depuis longtemps un carnet de maternité relatif à la grossesse, sorte de carnet de santé envoyé lui aussi par la CAF et soumis comme il se doit au secret médical.

Qu'est-ce que je peux faire ?

Parlez-en, montrez-le autour de vous. C'est une façon de préparer aussi les autres à ce que vous êtes en train de devenir et de les aider à prendre conscience que, dorénavant, vos responsabilités ne sont plus seulement professionnelles.

congé (de paternité) **paternage**

Entre nous

« Même si le contenu est un peu léger, ce livret de paternité est une aubaine : je l'ai gardé avec moi pendant des jours. Tellement fier ! C'était comme si la cocarde bleu/blanc/rouge était la reconnaissance forte que j'attendais... J'étais officiellement reconnu comme père ! »

Simon, 38 ans, papa de Manon et d'Ella et mari de Salomé.

Masculinité

« Je ne suis qu'un homme après tout ! »

Même s'ils se sentent particulièrement virils en se promenant avec leur femme enceinte (« J'ai été capable de la mettre enceinte, je suis un homme, un vrai ! »), les hommes pensent parfois qu'il sera difficile de « rester un homme » en devenant un père attentionné, doux et prévenant avec sa compagne et son bébé. L'image du papa câlin est pourtant une représentation masculine sexy dans l'esprit de beaucoup de femmes.

Pendant la grossesse, l'important est de toujours la séduire, de l'aider à continuer à exister comme femme par des caresses, même si la sexualité n'est pas forcément là : si vous lui renvoyez l'image d'une femme séduisante, elle vous renverra à son tour l'image de l'homme que vous êtes – et pas seulement le futur père.

Conservez du temps pour vous, pour faire du sport, prendre un cours de guitare, voir vos copains sans vous sentir coupable.

Organisez votre temps autrement en levant un peu le pied au bureau, ce qui vous permettra d'être présent auprès d'elle et de vivre des choses pour vous. Voilà la bonne réponse.

Qu'est-ce que je peux faire ?

À la maternité aussi, imposez votre point de vue, expliquez ce que vous voulez et ne voulez pas, et pour le portage, le bain, faites à votre façon ! S'autoriser à être l'individu qu'on est : voilà le meilleur moyen de conserver sa masculinité, de ne pas se sentir amputé d'une partie de soi-même. Vous serez toujours masculin en allant vers votre enfant si vous le faites à votre façon.

compétence **couvade** **toucher** **sexualité**

Entre nous

« Moi, franchement, je ne l'ai jamais trouvée aussi belle ! Et puis, j'ai toujours été un mec complexé par un déficit de virilité. Là, j'étais fier de me promener avec elle, le ventre en avant, comme si je prenais ma revanche et que je disais à tous : c'est moi qui l'ai fait, je suis le père, je suis l'amant, je suis un putain de vrai mec. »

Eli, 39 ans, père de Sidonie et fiancé de Salomé.

Massage

« Tu veux me demander ma main ? »

Le **massage** libère un flot d'endorphines, ces fameuses substances anxiolytiques (qui calment l'anxiété), antidouleurs et antistress. Masser sa compagne pendant la grossesse permet d'abord de la soulager (on peut la faire asseoir à califourchon sur une chaise, à l'envers, bras posés sur le dossier, et lui masser le bas du dos).

Pendant l'accouchement, il nous permet, à nous les hommes, de passer à l'action, d'agir, de faire, et Dieu sait si nous éprouvons le besoin d'agir pour nous sentir utiles.

Le massage a le don de disperser une douleur localisée mais, plus important encore, il apporte à la femme la sécurisation, la présence affective et ça, c'est irremplaçable !

Le massage a aussi le bienfait de placer votre conscience, votre présence, dans vos mains. Et dans ce don à l'autre, vos émotions circulent plus facilement (même sans les mots).

Si un homme a appris à masser sa femme enceinte, les sages-femmes constatent qu'il a plus de facilité à manipuler son bébé et à le masser à son tour. Forcément : il a constaté pendant la grossesse qu'il pouvait faire du bien avec ses mains !

Qu'est-ce que je peux faire ?

Apprenez à lui masser le sacrum pour soulager les sciatiques : une main au-dessus du pli fessier, deux doigts de chaque côté de la colonne, massez dans la petite fossette, puis descendez en triangle vers le coccyx et revenez au centre.

À terme et pendant le travail, faites circuler l'énergie du haut du corps vers le bas pour ouvrir la barrière utérine. Massez l'extérieur de la jambe en descendant vers la malléole externe (dessinez-la bien), continuez entre les métatarses séparant le petit orteil et le quatrième, puis finissez à l'extérieur du petit orteil.

Bonapace **piriforme** **toucher**

Mort

« Je suis le prochain sur la liste, c'est ça ? »

L'homme a peur de la mort de sa compagne, résurgence d'une époque où mourir en couches était fréquent – c'était même la première cause de mortalité féminine.

Pour peu qu'il voie du sang, symbole de la vie qui s'en va – et il en verra un peu – cette peur est réactivée. Rassurez-vous, les statistiques sont formelles : on déplore 1 décès pour 10 000 naissances.

La peur de voir mourir sa compagne et le bébé se double d'une autre crainte : celle de sa propre mort. Car devenir père, c'est prendre soudain conscience de la fin de la vie, accepter la succession des générations et de se retrouver en « première ligne ».

Qu'est-ce que je peux faire ?

Cette angoisse légitime sera transformée par l'éclat de joie de la naissance. Néanmoins, elle sera dorénavant présente dans votre vie, car elle est le pendant au grand bonheur d'être papa.

acting **couvade** **accompagnement**

Entre nous

« J'avais une peur bleue de perdre cet enfant ! Ça m'empêchait de profiter de cette grossesse, d'exulter... Je gardais tout ça pour moi, j'avais peur de la perturber, de la troubler, de gâcher son bonheur. Et puis, sur les conseils d'un ami (que je ne remercierai jamais assez !), je lui en ai parlé : elle vivait la même chose sans me le dire, les mêmes craintes. Partager ça a permis de diminuer nos peurs mutuelles et de nous rapprocher. »

Michael, 40 ans, papa de Sidonie et mari de Sonya.

Mouvements

« Y'a un truc qui bouge, là, dans ton ventre ! »

Les mouvements du bébé sont présents dès le début : l'embryon effectue des soubresauts dans le liquide amniotique. La perception du mouvement par le papa est certes décalée par rapport à celle de la maman, mais il peut sentir les mouvements vers 5 mois.

Néanmoins, ne vous attendez pas à de vrais coups de pied ! Ça fait plutôt l'effet d'une bulle qui traverserait la main avant d'éclater, comme une plume qui caresserait votre main.

À partir de 6 mois ou 6 mois et demi, le mouvement est visible : le ventre se déforme. C'est impressionnant ! Le bébé bouge, mais pas forcément là où vous posez la main. Il faut les poser sur les contours de l'utérus. Le bébé peut bouger quand votre compagne dort ou dormir quand elle bouge. Ses mouvements ne sont pas forcément impressionnants.

Et souvenez-vous d'une chose : le mouvement fœtal est toujours synonyme de bien-être !

Qu'est-ce que je peux faire ?

Si vous ne sentez pas bébé bouger sous votre main, arrêtez ! Il est peut-être en phase de sommeil. Recommencez 20 minutes après : s'il a changé de cycle, il percevra le mouvement et, cette fois-ci, vous répondra.

haptonomie **voix** **chant** **décibels**

OMS

« Chérie, tu as lu le rapport ? »

L'Organisation mondiale de la Santé a publié en 1997 un grand rapport sur la naissance intitulé *Les soins liés à un accouchement normal*.

Dans la rubrique « Pratiques qui sont à l'évidence nocives ou inefficaces et qu'il convient d'éliminer », on trouve diverses habitudes ayant cours dans certaines maternités, et notamment la position sur le dos pendant le travail, alors que la position latérale ou debout est préférable.

Au rayon des « Pratiques dont l'utilité peut être démontrée et qu'il faut encourager » : le respect du droit à l'intimité dans la salle de travail ou l'offre de boissons pendant le travail.

Ce rapport est intéressant car il permet de faire ses propres choix en connaissance de cause.

Qu'est-ce que je peux faire ?

Vous pouvez tout à fait consulter ces bonnes pratiques et vous en servir pour établir avec elle votre projet de naissance et choisir la maternité qui vous convient.

Le rapport est consultable (en français) sur le site de l'OMS : *www.who.int/fr*

projet (de naissance) **maternité** **accompagnement** **compétence**

Paternage

« Je ne trouve pas le mot ! »

Comment encourager les hommes à investir leur paternité quand il n'existe même pas de mots pour exprimer cet état particulier ?

Le verbe « paterner » et son substantif « **paternage** » sont encore aujourd'hui absents des dictionnaires, alors que les Anglo-Saxons, eux, disposent du joli verbe *to father*. L'instinct paternel, lui non plus, ne fait pas partie de notre langue.

Les termes « primipare » (qui désigne une femme qui accouche pour la première fois) et « multipare » n'ont pas d'équivalents masculins, même si la psychanalyste Geneviève Delaisi de Parseval a inventé le néologisme de « primipère » qui pourrait avoir sa place dans un bon vieux Larousse.

De même, une femme qui attend un enfant est appelée « femme enceinte », mais aucun terme ne désigne l'homme qui traverse cette période. Que n'imite-t-on les Anglais qui, eux, parlent d'*expectant father*, tellement parlant !

On n'a guère à se mettre sous la dent que l'expression de « futur père » pour décrire les hommes dont la compagne est enceinte.

Mais l'homme n'est-il pas déjà père avant la naissance de l'enfant ou, en tout cas, déjà dans un processus de mutation qui mériterait d'avoir un nom ?

Ce « mutisme de la langue » quant à la notion de paternité, comme l'explique Geneviève Delaisi de Parseval, ne fait que refléter le fait que pendant longtemps, la grossesse ne fut effectivement qu'une affaire de femmes.

livret

Entre nous

« Je me sentais tellement impuissant que je me mettais à l'écart de la grossesse. Jusqu'au jour où Louise m'a dit : "Heureusement que tu es là !" Ça m'a donné confiance en moi, en ma capacité à l'aider, à l'accompagner. J'ai eu enfin l'impression d'être utile. C'est comme si elle me délivrait mon brevet de père ! »

Thomas, 38 ans, papa de Charlotte et compagnon de Louise.

Patience

« Tu ne peux pas arrêter d'envoyer des SMS !? »

L'homme se définit souvent par l'action. Pourtant, dans le temps de la naissance – que ce soit pendant les derniers moments de la grossesse ou en salle de travail –, il faut apprendre à ne rien faire, à patienter. Cette patience n'a rien de passif : elle est attentive, féconde de tout ce qui se vit ; elle permet de prendre du plaisir.

C'est dans la relation à l'autre, en sortant du temps comptable de l'horloge, que vous verrez jaillir des ressources insoupçonnées, cette compétence que vous ignorez encore. Une transformation se prépare – vous vous métamorphosez en papa – et, comme toute transformation, comme tout passage initiatique, elle doit se sentir.

Si le futur père traverse ce passage en pensant à autre chose, en se noyant dans son travail, il ne s'y inscrira pas vraiment. Cette **patience** est la seule façon pour vous de vous placer dans le même temps que votre compagne, particulièrement pendant le travail.

Qu'est-ce que je peux faire ?

Arrêtez-vous de faire toute autre chose, soyez à l'écoute de votre compagne. Ne cherchez pas à combler le temps ! Ce moment vous permet d'effectuer cette transition entre l'avant et l'après. Ayez le courage d'être dans l'instant présent pour vous interroger, vous poser des questions sur le père que vous voulez être et d'être sûr de vos réponses.

salle de travail **compétence** **père** **massage**

Père

« J'aimerais autant être un autre père que le mien ! »

Cet engagement ne coule pas de source. Il s'agit d'une maturation très lente et progressive traversée de fluctuations : le devenir **père** est rempli d'aléas. Sénèque disait déjà : « *le père aime avec rudesse* », c'est-à-dire avec sa masculinité. Il crée les frontières et les limites de l'amour fusionnel maternel, et ce faisant, rappelle aussi à la mère qu'elle est femme.

Si la maman donne la vie, le père donne la liberté possible. Car il est force d'ouverture, de distinction, de différenciation. Le père fait sortir l'enfant de la mère, il le tire dehors. Il ne sépare pas l'enfant de la mère – ce lien est inaltérable, car ils se sont rencontrés par l'intériorité –, mais il lui permet de développer son identité hors de cette sécurisation profonde et de ne pas s'y confondre. On n'est père que vis-à-vis d'un enfant et sous le regard d'une femme : il faut être socialement reconnu comme tel pour se sentir papa.

Qu'est-ce que je peux faire ?

Être là, tout simplement, toujours être là. S'engager en une promesse auprès de l'enfant d'assumer cette responsabilité de père, contenue dans l'idée même que vous aviez de fonder une famille. Chacun son temps, chacun sa définition. Mais il faut prendre sa place pour que la mère et l'enfant reconnaissent l'homme comme père.

masculinité **bricoleur** **patience** **accompagnement** **protecteur**

Plaisanterie

« C'est l'histoire d'une fille qui accouche... »

Il peut arriver à l'homme de blaguer en salle de naissance. C'est une façon pour lui de se protéger de ses émotions ou de mettre à distance et d'empêcher l'autre (sa compagne ou la sage-femme) de pénétrer dans son espace intime.

Bien dirigée, la **plaisanterie** est vecteur d'expression et aide à détendre l'autre. Il est préférable qu'elle soit chargée de sens et transmette des messages.

Qu'est-ce que je peux faire ?

Sourire ou rire, oui... mais au bon moment et pas n'importe comment ! Évitez de prendre votre compagne comme sujet de la plaisanterie : elle risque de se sentir blessée dans sa pudeur et le personnel, qui est là pour protéger la femme, pourrait bien se retourner contre vous ! Même si vous le faites dans un bon esprit, vous pouvez être catalogué de goujat si vous faites de l'humour sur sa douleur ou ses grimaces.

Plaisantez à propos de vous, de vos réactions, de vos peurs... Ça peut vous permettre de franchir les barrières que votre pudeur vous impose et d'établir une relation avec la sage-femme.

Dernier conseil : plaisantez plutôt lorsqu'elle est sous péridurale et entre deux contractions.

salle de travail **sage-femme** **regard**

Protecteur

« Tu devrais rester à la maison chérie, ils annoncent du vent ! »

Nous ne vivons pas, nous les hommes, les choses de l'intérieur : alors comment savoir comment se porte le bébé et ce que ressent la maman ? Du coup, nous avons tendance à surprotéger la femme enceinte. Ne la couvez pas trop ! Aidez-la à ne pas trop se fatiguer, mais faites-lui confiance. Évitez les remarques sur ce qu'elle mange ou ce qu'elle fait de ses journées. Laissez-lui tout le temps et l'espace pour intégrer cette grossesse sans se sentir limitée, brimée, contrainte... malade. Trouvez la bonne distance et laissez-la respirer afin qu'elle trouve du plaisir dans cette période. Elle est enceinte, mais ni malade, ni handicapée !

Votre compagne est un excellent moniteur de sa grossesse pour ce qui est de la vitalité fœtale et de l'activité de son utérus. En vous fiant à ce qu'elle ressent et à ce qu'elle en raconte, vous l'aidez finalement à bien porter ce bébé.

Qu'est-ce que je peux faire ?

Si elle vous dit que tout va bien, laissez-lui la liberté de faire tout ce que bon lui semble. Et si vraiment vous pensez qu'elle en fait trop, prenez les devants discrètement, sans insister lourdement : « Tu es enceinte, laisse-moi faire ! »

grossesse fausse couche

Programmé

« Qu'est-ce que tu fais pour les vacances ? »

La naissance n'arrive pas toujours par surprise ! Dans 20 % des cas, l'accouchement est **programmé** pour convenances personnelles, raisons médicales ou à la demande du médecin (dans les cliniques privées, le plus souvent, pour maîtriser l'emploi du temps des obstétriciens).

On dit « programmé » lorsqu'il s'agit de raisons de confort personnel – vous êtes en voyage d'affaires à Bora-Bora le jour du terme – et « déclenché » s'il s'agit de raisons purement médicales (rupture de la poche des eaux, retard de croissance...).

Attention ! En cas de déclenchement, les contractions sont plus douloureuses et on constate une utilisation plus fréquente des forceps et un taux de césarienne sensiblement plus élevé.

Le déclenchement de convenance ne peut se réaliser avant 39 semaines d'aménorrhée et doit faire l'objet d'une information et d'un consentement éclairé signé par vous et votre compagne. L'équipe médicale ne jugera pas la raison de la demande, mais peut en revanche s'y opposer – si le col de l'utérus n'est pas jugé mature, par exemple.

sage-femme | maternité | utérus | césarienne | forceps

Regard

« Et mes yeux dans tes yeux, et ma main dans ta main... »

Voilà le deuxième outil de la sage-femme, en plus de ses mains, pour établir son diagnostic et assurer son accompagnement ! Elle va vous supporter du **regard**, vous allez chercher le sien, et ainsi, vous prendrez confiance en vous. La force du regard est « soutenante » et peut empêcher le papa que vous êtes de paniquer.

Parfois, la sage-femme évitera de vous regarder au moment où elle exécute un geste médical intime. Ça lui permet de respecter la pudeur de madame sans vous exclure de la salle d'accouchement. Ne vous en offusquez pas !

Il vous arrivera aussi de chercher le regard de la sage-femme pour jauger la situation. Les yeux ne trahissent pas !

Qu'est-ce que je peux faire ?

Le regard que vous portez sur votre compagne a la même puissance de lien. Il lui permet de ne pas perdre ses repères et de rester concentrée. C'est par lui que vous lui montrerez votre présence et votre soutien, sans avoir besoin du moindre mot.

Lorsque le bébé paraît, il vous fixe droit dans les yeux. Recherchez ce regard dont vous avez besoin. Tenez-le face à vous, à bout de bras, et plongez vos yeux dans les siens : ce geste facilite l'attachement.

sage-femme **patience** **présence**

Ressemblance

« Oh, comme il te ressemble ! »

À la grande loterie héréditaire, chacun y va de ses pronostics, de ses paris : à qui va-t-il ressembler, ce bébé ? Aura-t-il mes yeux bleus ? Ses cheveux bouclés magnifiques ? C'est plus fort que lui, plus fort que tout, le père cherche les ressemblances pour affirmer sa paternité.

Pourtant, des chercheurs de l'Institut des Sciences de l'Évolution de Montpellier ont démontré que le nouveau-né ressemble davantage à sa mère ; ce n'est qu'après quelques mois que les traits se découvrent et à 6 ans, les garçons ressemblent plus à leur père. L'attribution de la ressemblance au père par la maman serait donc une gentille manipulation sociale visant à le conforter dans sa paternité !

On sait désormais, à la lumière de la génétique, que certains caractères se transmettent par les gènes – la couleur des yeux, par exemple. Pour le reste, c'est le mystère et le jeu des 7 familles à la naissance.

Au-delà des traits, les ressemblances s'affirmeront dans le comportement par mimétisme et par transmission des valeurs. La parenté spirituelle et psychologique laisse également ses traces.

Qu'est-ce que je peux faire ?

S'en amuser et ne pas s'inquiéter de leurs absences. Lui, il vous adopte sans condition ! Soyez fier de lui, aimez-le pour ce qu'il est. Vous êtes son père, de toute façon !

regard · peau à peau

Sage-femme

« Euh, je préférerais un médecin si ça ne vous gêne pas ! »

Depuis la nuit des temps, des **sages-femmes** (le premier nom de la sage-femme était *ventrière* et le mot savant, *maïeuticien*) accompagnent la femme avant, pendant et après l'accouchement, elles sont « du voyage » dès le début.

La sage-femme est le médiateur entre la science et l'humain et fait en sorte que la médecine ne prenne pas toute la place. Elle n'est pas médecin, mais elle possède la compétence technique et pas uniquement l'écoute et l'empathie. Elle suit la grossesse du début à la fin – à l'hôpital, vous pouvez ne pas croiser un seul médecin ! Elle est capable de dépister les pathologies par une analyse du monitoring ou un prélèvement effectué sur le fœtus, de pratiquer des échographies ; elle peut réanimer un nouveau-né, se charge de la rééducation du périnée, et même du suivi contraceptif et gynécologique. Ses limites de compétence, ce sont les césariennes et les instruments opératoires (forceps, ventouse) qui demeurent dans les mains de l'obstétricien. La sage-femme travaille sur prescription de ce spécialiste dès lors que la grossesse devient pathologique.

Vous aurez affaire quasi exclusivement à des femmes (on trouve seulement 1,7 % d'hommes) ayant suivi 5 ans d'études, dont 4 dans une école spécialisée.

maternité | salle de travail | gynéco | clinique | C.H.U.

Entre nous

« La peur de l'accouchement est tombée le jour où une sage-femme m'a expliqué qu'on attendait qu'une chose de moi en salle de travail : rassurer ma compagne ! Et que le personnel soignant était là pour tout le reste. Tout devenait soudain plus simple : je savais ce que j'avais à faire. »

Dan, 33 ans, papa de Jessica et compagnon de Sarah.

Siège

« Tu pourrais laisser ta place, non ? »

Quand on parle de présentation par le siège, on ne fait pas référence à la position assise de la maman, mais bien de celle du bébé. Au cours du 6e mois, la plupart des bébés se positionnent spontanément la tête en bas ; d'autres le feront un peu plus tard. Mais quelques-uns restent debout, les fesses en bas. Il existe deux variétés de siège : le siège décompleté, où le fœtus a les pieds près de la tête, et le siège complet, où il est assis en tailleur.

On peut tenter d'aider le bébé à se retourner grâce à une manipulation appelée « version par manœuvre externe » ou même, par l'acupuncture. Le jour J, 4 à 5 % des bébés se présentent malgré tout par le **siège**. Pas de panique ! Après une étude de votre dossier et de différents paramètres (diamètre de la tête fœtale, mesures scanographiques du bassin de la femme...), il vous sera proposé une voie d'accouchement.

Si la césarienne est de première intention dans certaines maternités, ce n'est pas la seule possibilité d'accouchement. Si le bassin le permet, un accouchement par les voies naturelles est tout à fait envisageable. Simplement, les fesses étant plus molles que la tête, elles exercent moins de pression sur le col qui se dilate moins rapidement.

Qu'est-ce que je peux faire ?

Proposez-lui un enchaînement de postures, un petit programme que vous lui aurez concocté – vous pouvez vous amuser à faire les exercices avec elle la première fois !

C'est parti pour 20 minutes de bassin surélevé par rapport aux épaules, par exemple à l'aide de deux ou trois coussins glissés sous les fesses : ça remonte le bébé. Puis 2 heures de repos sur le côté. À suivre, 20 minutes en position de prière, bassin vers l'arrière sur les talons et tête en avant, bras pliés au sol : cette posture bascule le bébé en avant. Puis encore 2 heures de repos. Et pour terminer, 20 minutes de marche à quatre pattes. Et hop, le bébé se retourne... peut-être.

Quoi qu'il en soit, conseillez-lui de mettre tout le poids de l'utérus en avant le plus souvent possible !

utérus **césarienne**

Surexcitation

« Are you talking to me ? »

Certains hommes, pendant la grossesse, débordent d'une énergie inhabituelle qui s'explique principalement par le stress. Certains s'adonnent avec frénésie à leur hobby, d'autres décident de refaire toute la maison du sol au plafond, de repeindre les 82 m², de poser des poutres en même temps qu'ils préparent la chambre du bébé ; d'autres encore se mettent à courir 3 fois par semaine (parfois 4, 5, 6 fois !).

Faute de se défouler, ces futurs papas sont irascibles, s'emportent facilement, élèvent la voix beaucoup plus facilement qu'à l'accoutumée.

COMME ÇA,
LE POIDS DE L'UTÉRUS
EST BIEN EN AVANT !

Qu'est-ce que je peux faire ?

Contrôlez votre surexcitation, faites attention à vous lorsque vous pratiquez un sport – les blessures sont plus courantes pendant une grossesse ! – et mettez plutôt toute votre énergie au service de votre compagne, de son confort et de son bien-être.

acting couvade masculinité

Test

« Vous auriez un test de grossesse à consommer tout de suite ? »

Clearblue®, Easytest®, Bluetest®, Predictor®... Les **tests de grossesse** vendus en pharmacie et en grandes surfaces – chez Leclerc® notamment, on en trouve au prix de 1 € contre 8 € en moyenne en pharmacie ! – se présentent sous la forme de bâtonnet, de stylet, de carte ou de bandelette qui, quelques minutes après avoir été mis en contact avec l'urine, affichent une ligne bleue ou une croix signifiant « enceinte ». Les tests digitaux annoncent le verdict en toutes lettres, voire indiquent le stade d'évolution de la grossesse.

Le principe est simple : le test vérifie dans les urines la présence de l'hormone hCG (baptisée « hormone de grossesse »), sécrétée par les cellules de l'œuf dès le 8e jour après la fécondation. Alors, même si on est du genre pressé, on ne fait pas le test juste après le rapport ! On attend 15 jours après et même, pour être sûr à 100 %, le 5e jour de retard des règles. Les nouveaux modèles sont fiables à 99 %. Si le test est positif : votre compagne est enceinte, il n'y a aucun doute possible.

Bon à savoir : mieux vaut faire le test de grossesse le matin au réveil : les urines sont alors plus concentrées !

hormone hCG

Toucher

« Coulé !? »

Le **toucher**, vers le fœtus ou vers votre compagne, est un mouvement de relation. « Le toucher doit être parole », disent les sages-femmes. Mais dans un cas comme dans l'autre, la conscience doit être dans la main – ça n'est pas un toucher machinal. À partir de 20 SA (semaines d'aménorrhée – voir la notice « Aménorrhée » page 168), on peut signifier sa présence au fœtus en posant les mains sur l'abdomen.

Pour votre compagne, les caresses, les massages restent aussi des moments de proximité conjugale. Au cours de l'accouchement, attention au toucher pendant la douleur de la contraction : il doit toujours être une réponse à l'appel de la maman. Entre deux contractions, en revanche, allez vers elle. Chaque geste, chaque sensation de votre main posée sur ses muscles encore tendus sont apaisants. Chaque main simplement posée est réconfort.

Qu'est-ce que je peux faire ?

Soyez tactile, cela vous donne en plus un moyen de faire circuler toutes vos angoisses – car dans ce toucher partagé, dans le don à l'autre, tout circule.

Et pensez aussi à vous : accueillez le toucher de la sage-femme, le geste de réconfort. Mettez de côté vos réticences et vos tabous ! L'accompagnement passe par ce lien. La sage-femme dépasse sa sexuation pour vous aider. Toute crispation ou retrait met l'autre à distance.

massage Bonapace

Toxoplasmose

« Qui a vu le chat ? »

Voilà un mot qui fait frissonner les épidermes les mieux tannés. Et si elle attrapait ce truc malfaisant ? « D'abord, on vend le matou à ta mère, ensuite on ne mange plus de viande avant… 2025 »… Oh là, on se calme !

Cette affection est due à un parasite (*toxoplasma gondii*) que l'on trouve dans les excréments de chat et la terre. On peut l'attraper, c'est vrai, en changeant la litière du chat, en jardinant et en mettant les doigts à sa bouche, en mangeant de la viande mal cuite ou des légumes mal lavés… Bonne nouvelle : après une première contamination, on est immunisé à vie.

La **toxoplasmose** passe souvent inaperçue chez la femme, mais elle peut contaminer le fœtus. En tout début de grossesse, la femme a peu de risques d'être contaminée, mais les conséquences peuvent être graves (problèmes cérébraux, fausse couche…). Dans la deuxième partie de la grossesse, au contraire, elle a davantage de risques de l'attraper, mais les conséquences sur le fœtus sont alors très limitées.

Qu'est-ce que je peux faire ?

On lave bien les crudités, on évite le restaurant et le buffet campagnard chez les copains, on cuit deux fois la viande, on lui dit d'éviter de replanter le camélia (ou alors, c'est gants Mapa® de rigueur !).

amniocentèse

Travail

« C'est une théorie marxiste, l'accouchement ? »

Le **travail** est le temps nécessaire à l'ouverture de l'utérus et à la descente du bébé vers l'extérieur, la période qui précède l'accouchement proprement dit. Il se produit sous l'effet des contractions utérines. La femme ne peut ni le déclencher volontairement, ni l'empêcher. Cela se fait en elle sans qu'elle soit maîtresse du jeu et peut durer de 4 à… 18 heures – la moyenne est de 12 heures 30 pour un premier accouchement ! Impossible à prévoir, vous serez donc, comme la future maman, entre l'attente et l'inattendu. Il faut donc accepter et se préparer à cet imprévisible. Une fois démarré, on divise le travail en trois phases : la dilatation, l'expulsion et, enfin, la délivrance placentaire.

Qu'est-ce que je peux faire ?

Aidez-la à accepter la non-maîtrise, autrement dit : l'abandon. Il faut entrer dans le rythme de l'utérus pour l'aider pendant les contractions et les intervalles de repos.

Pendant les contractions, répondez à son appel si elle le veut, et si vous vous en sentez capable… Repositionnez-la, corporellement et émotionnellement.

Entre deux contractions, caressez-la, massez-la, distrayez-la pour qu'elle se détende et récupère – il est d'ailleurs plus facile d'entrer en relation quand la douleur n'est pas là !

contractions **salle de travail** **sage-femme** **utérus**

Utérus

« Oh, la drôle de planète ! »

Il faut imaginer l'**utérus** comme une poire à l'envers – le col est la partie la plus étroite, tandis que le bébé grandit dans la partie ronde. Situé tout au fond du vagin, dans le bas-ventre, dans le petit bassin, entre la vessie devant et le rectum derrière, l'utérus mesure 6 à 8 cm de hauteur et 3 à 4 cm de large.

Cette « poche », qui sert de cocon au bébé, est si élastique qu'elle est capable de se modeler lors des mouvements du fœtus. C'est sa tonicité que vous ressentez lorsque vous entrez en relation avec le bébé par le toucher ! Son poids est de 200 g à 13 semaines pour peser 1,2 kg à terme.

Le col est comme un verrou qui se ferme pendant la grossesse : il faut protéger le bébé, le garder bien au chaud en évitant les courants d'air ! Le grand jour, sous l'effet des contractions, le col de l'utérus se raccourcit (les sages-femmes disent qu'il « s'efface ») et s'ouvre progressivement (il se dilate) pour que le bébé puisse s'engager dans le petit bassin et le traverser.

contractions dilatation durée

Liste des questions à poser au médecin ou à la sage-femme

....

....

....

....

....

....

....

....

....

....

....

....

....

....

....

....

....

....

....

....

....

....

....

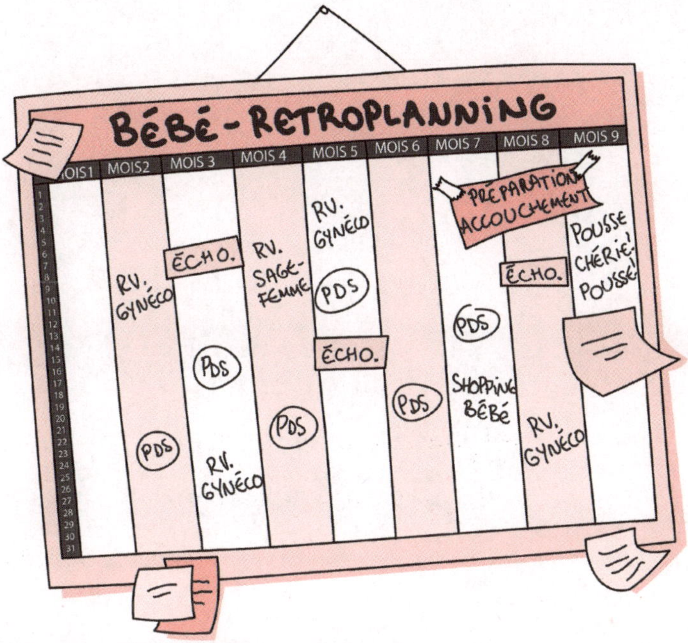

Acte 3

Petits et grands rendez-vous de la grossesse

« Quand un enfant naît,
un père naît aussi. »

Frederick Buechner

La grossesse est un chemin balisé ponctué de consultations et d'examens en tout genre. Certains sont obligatoires, d'autres sont systématiquement proposés ou encore font l'objet de protocoles hospitaliers locaux.

Vous entrez très vite dans le monde de la médecine et la grossesse est ponctuée au rythme de ces consultations. Sept sont obligatoires. La première doit avoir lieu avant la 14e semaine, date limite de la déclaration de grossesse qui ouvre les droits de prise en charge à 100 % par la Sécurité sociale. Elle est plus longue que les autres, car elle donne lieu à un interrogatoire destiné à dépister tous les facteurs de risques médicaux, sociaux et psychologiques pouvant influer sur la grossesse. Les suivantes ont lieu sur un rythme mensuel. Certains hôpitaux vous donnent un calendrier de grossesse pour que vous puissiez vous repérer dans cette chronologie.

Ces consultations contiennent donc des actes médicaux (analyse d'urines, prise de la pression artérielle, pesée) et certains actes obstétricaux (palpation de l'abdomen, mesure de la hauteur utérine, écoute des bruits du cœur, parfois un toucher vaginal). Ces rendez-vous sont aussi l'occasion de vous fournir une écoute et de vous rassurer. On y trouve finalement autant de médecine que d'humain, voilà pourquoi il est important pour vous d'y être présent.

Sur le plan biologique, sont obligatoires en début de grossesse : les sérologies de la toxoplasmose, rubéole, syphilis ; la détermination du groupe sanguin rhésus, la recherche d'agglutinines irrégulières (anticorps dans le système sanguin), l'analyse d'urines.

Une consultation avec l'anesthésiste est programmée entre le 7e et le 8e mois. Elle évaluera les risques anesthésiques et vous informera sur la péridurale.

Trois échographies seront effectuées au cours d'une grossesse normale, chacune ayant des objectifs précis.

À cela viennent s'ajouter les séances de préparation à l'accouchement.

N'hésitez pas à y aller avec votre compagne pour pouvoir vous aussi poser vos propres questions, participer aux prises de décision et prendre connaissance de certains résultats en même temps qu'elle. On consacre en moyenne 20 minutes à chaque femme, mais c'est à vous de faire en sorte que vous ressortiez tous deux rassurés, sans aucune question en suspens. Plus vous repartirez confiant, serein et bien informé, plus vous pourrez attendre la consultation suivante tranquillement et mieux vous pourrez aider votre compagne à s'écouter et à s'adapter à l'évolution de la grossesse. Mieux vaut ne pas être un simple spectateur lorsque vous l'accompagnez.

Prenez donc 1 heure pour venir avec elle : c'est la meilleure façon de comprendre son état, ses sautes d'humeur et de vous ancrer dans la réalité et les enjeux de cette grossesse !

3D

« Il passe enfin à la télé, mon fils ! »

Les images qu'on obtient lors d'une échographie classique sont en noir et blanc et en 2 D. Elles n'ont aucune valeur esthétique, on se fiche bien de savoir que le petit dernier est aussi photogénique que maman : l'objectif est de s'assurer que le fœtus se développe correctement, qu'il a tout ce qu'il faut là où il faut.

Certains centres proposent des échographies en **3D** ou 4D (de 60 à 140 €) dont la résolution est meilleure. Curieusement, les parents qui l'ont expérimentée ont ressenti un mélange de joie et d'angoisse devant ces images ! Le bébé ressemble à un petit extra-terrestre. En outre, certains obstétriciens affirment que les ultrasons utilisés, qui se focalisent sur le visage et les organes génitaux (ce qu'on veut voir), auraient des effets néfastes sur le fœtus. Dans une écho traditionnelle, le faisceau d'ultrasons se déplace sans arrêt, ce qui serait moins dangereux.

Qu'est-ce que je peux faire ?

L'échographie n'est ni un jeu, ni une photo ! Ces échographies « souvenir » proposent finalement ni plus ni moins que de griller les étapes. Même si vous êtes impatient, attendez un peu : le miracle de la naissance tient dans la découverte de l'autre, peut-être faut-il le préserver. L'émotion sera d'autant plus forte à la naissance !

échographie · rencontre · fœtus

Entre nous

« Au début, je notais soigneusement tous les rendez-vous chez le gynéco, les cours de préparation (pour ne pas avoir à lui demander les dates), tout ça pour lui montrer que j'étais concerné. Et puis je me suis rendu compte qu'assister à ces rendez-vous m'aidait à comprendre son état d'esprit, ses changements d'humeur, les maux de la grossesse. »

Mathias, 41 ans, papa de Malo et mari de Sabine.

Amniocentèse

« Thèse, antithèse… ? »

Voilà un mot qui colle franchement la frousse ! « **Amniocentèse** » et non pas « amniosynthèse », comme on le pense – et l'écrit – souvent ! Il s'agit d'un examen du liquide amniotique, généralement réalisé autour du quatrième mois de grossesse, qui permet de détecter des maladies chromosomiques. On prélève 10 à 30 ml de liquide amniotique dans lequel baigne le fœtus. Celui-ci contient des cellules fœtales que l'on isole afin d'analyser les chromosomes du bébé (on appelle ça « établir un caryotype »).

Grâce à l'amniocentèse, on sait avec certitude s'il s'agit d'un garçon ou d'une fille, ce qui permet de détecter certaines maladies héréditaires liées au sexe – on peut dépister aussi certaines maladies chromosomiques telles que la Trisomie 21.

On prescrit cet examen si le dépistage sérique de la Trisomie 21 place la femme dans une population à risque élevé, si à l'échographie on dépiste des anomalies faisant suspecter des problématiques génétiques, s'il y a eu une infection au cours de la grossesse (toxoplasmose ou autres) et s'il y a des antécédents de maladies héréditaires et génétiques dans la famille.

Le risque de fausse couche est très faible : 1 % des amniocentèses seulement. Cet examen, qui ne dure que quelques minutes, n'est pas douloureux, pas plus qu'une prise de sang. Ce qui l'est davantage, c'est l'attente des résultats, qui peut durer 10 jours à 3 semaines !

Qu'est-ce que je peux faire ?

Il est préférable d'accompagner la future maman à l'examen. Elle risque fort d'être effrayée avec cette aiguille qui pénètre dans son ventre ; sans compter qu'il faut repousser l'idée fausse qu'on risque de percer la poche, de toucher le bébé...

examens **fausse couche**

Échographie

« Comme le sonar des chauves-souris ? »

Cette technique récente – l'**échographie** a été introduite en France en 1975 – est née des recherches militaires... La détection des sous-marins, mine de rien, c'est à peu près la même chose !

Avant de commencer l'examen, le médecin applique du gel sur le ventre de la patiente pour faciliter le passage des ultrasons. Il y appose alors la sonde, qui émet des ultrasons dont une partie est réfléchie et recaptée par ce même appareil. Une fois les ultrasons captés, ils sont convertis en signal vidéo qui permet de voir le bébé sur un écran noir et blanc.

Il n'y a aucun danger pour le fœtus ! L'échographiste déplace la sonde rapidement et ne s'arrête pas longtemps sur le même organe, limitant fortement le risque d'exposition.

rencontre **3D** **médicalisation**

Entretien

« Chérie, tu as bien noté le rendez-vous du 9 !? »

En plus des 7 séances de préparation, il existe un rendez-vous méconnu que l'on appelle « **entretien prénatal précoce** » et qui se déroule avec la sage-femme de son choix. Si elle n'est pas obligatoire (mais prise en charge à 100 % par l'Assurance maladie, donc totalement gratuite !), cette consultation de 45 minutes environ, qui a lieu au quatrième mois de grossesse, n'est pas un interrogatoire, mais est un moment de dialogue... et de choix pour votre compagne et pour vous. Pas d'examen clinique ici, mais une écoute : c'est le moment d'exprimer ses attentes et ses envies, de parler de son projet de naissance – quel type d'accouchement, quel type de maternité, quelle place pour vous, le papa, dans cette naissance, etc. –, mais aussi de la parentalité, de son ressenti, de ses angoisses. Cette séance a surtout pour but de vous offrir une sécurité émotionnelle et de lever certaines peurs.

Qu'est-ce que je peux faire ?

Soyez présent et rappelez-lui l'importance de cet entretien en lui expliquant qu'il permet de communiquer en couple sur ce qui semble essentiel avant d'accueillir votre enfant. S'il est proposé le plus souvent au quatrième mois, cet entretien peut-être plus précoce ou plus tardif en fonction de vos besoins du moment.

préparation **haptonomie** **sage-femme**

Préparation

« Ah j'me sens prêt là, j'pourrais courir un marathon ! »

Le forfait « préparation à la naissance et à la parentalité » comprend 8 séances. Au-delà, il n'y a plus de prise en charge par la Sécu. Cette **préparation** est d'abord un temps d'information et d'explication de tous ces phénomènes nouveaux. Ce sera ensuite un temps de ressenti corporel pour la femme et pour vous. Enfin, ces séances seront l'occasion de réfléchir à ce que vous vivez, ce que vous avez vécu et ce que vous allez vivre.

Toutes les préparations proposent ce programme-ci, mais selon des moyens d'expression différents. C'est à vous et à votre compagne de trouver la formule qui vous convient le mieux. Il n'y a pas de meilleure préparation à la naissance que celle qui vous convient !

Dans la préparation générale, il n'y a pas de séance davantage tournée vers le père, vous pouvez assister à toutes. On peut même cumuler les préparations, elles ne sont pas antagonistes !

Qu'est-ce que je peux faire ?

Assister aux séances, c'est un bon début ! Plus on est accompagné avant, plus on sera à l'aise au moment de l'accouchement et après. Ces séances sont des moments importants où l'on se pose, où l'on parle de soi. N'hésitez pas à vous raconter, vous exprimer, poser des questions, à être acteur de l'échange. Ce temps-là vous permettra de gagner en sérénité, en confiance et en liberté.

Assister aux séances permet à l'homme de sortir du rationnel pur (l'échographie, par exemple). Et ce n'est pas parce que vous êtes le seul homme qu'il ne faut pas assister à la séance suivante ! En venant, on montre son engagement, l'implication commence là, en prenant 1 heure de son temps.

Un conseil : optez pour une préparation animée par une sage-femme ; l'échange sera plus concret. Et puis, elle est votre interlocutrice privilégiée pendant toute cette période !

haptonomie **Bonapace** **sage-femme** **groupes (de parole)**

Radiopelvimétrie

« Dans ma famille, tous les bébés passent par le bassin ! »

Cet examen consiste à faire une radio (ou un scanner) du bassin (*pelvise*, en latin) pour mesurer ses dimensions et s'assurer que le bébé pourra y passer au moment de l'accouchement. Ne vous y trompez pas ! Une femme avec un petit bassin, mais parfaitement bien équilibré et mobile, n'aura aucune difficulté à mettre au monde un enfant.

On prescrit, au 8e ou au 9e mois de grossesse, une **radiopelvimétrie** si le bébé se présente en siège, parfois (suivant les indications) quand un précédent accouchement s'est déroulé par césarienne et si la femme a subi de graves traumatismes du bassin (accident de voiture par exemple).

L'examen, qui dure à peine 15 minutes, est totalement sans douleur. Le radiologue prend trois clichés dans trois positions différentes, de face et de profil.

bassin **siège** **césarienne**

Rencontre

« Coucou, c'est papa ! »

Instant émouvant de la **rencontre**, la première échographie est comme un rite d'entrée dans la paternité.

Jusque-là, parce qu'il ne ressent pas l'enfant en lui comme la maman, l'homme se construit un bébé imaginaire (« Il aura les yeux de sa mère, le sourire de sa grand-mère, les cheveux blonds et bouclés de son oncle... »).

On entend subitement battre le petit cœur et c'est déjà un grand moment. Et juste après le son, il y a l'image ! Le bébé est visible en entier, sa tête et tout le reste de son corps. Même si on a sous les yeux un petit haricot de 19 mm, on se rend compte qu'on est bel et bien un futur papa. Y a plus aucun doute ! C'est cette image si peu réaliste qui concrétise d'abord la présence du bébé – avant de le sentir dans ses mains le jour de sa naissance.

Qu'est-ce que je peux faire ?

Cette rencontre va vous permettre de visualiser cet enfant et de vous sentir tout à fait impliqué dans la grossesse. Posez les questions qui vous taraudent, tout en évitant de transmettre vos angoisses à votre compagne. Mais attention ! Attendez que l'échographe ait fini ses mesures pour poser vos questions. Ne vous fiez pas à son visage fermé : c'est la concentration. L'échographe n'est généralement pas un animal chaleureux !

échographie **3D** **imaginaire**

Liste des questions à poser au médecin ou à la sage-femme

Acte 4

Le corps changeant de la femme

*« Regardez une femme enceinte :
vous croyez qu'elle traverse la rue
ou qu'elle travaille ou même qu'elle vous parle.
C'est faux. Elle pense à son bébé. »*

Anna Gavalda

La femme enceinte, si elle n'est ni malade, ni handicapée, n'est déjà plus tout à fait la même qu'avant, aussi bien sur les plans physique et psychique qu'émotionnel.

Son corps subit une véritable révolution !

Une des plus grandes manifestations visibles est la transformation corporelle : ses seins grossissent, deviennent plus lourds, son ventre s'arrondit petit à petit et, évidemment, elle prend du poids.

La fonction cardio-respiratoire se modifie – elle est essoufflée –, le volume sanguin circulant dans son corps augmente.

Ce corps en transformation modifie, au fur et à mesure de la grossesse, les limites de la femme et l'oblige à s'adapter à ces changements.

En plus d'un corps habité par ce bébé qui grossit, elle découvre en elle la toute-puissance de la nature. Et tout se déroule comme si ça lui échappait, ne lui appartenait pas tout à fait. Le ventre qui s'arrondit révèle à tous la vérité de la grossesse et témoigne de l'existence du bébé. Le corps prend vie et fait bouger l'esprit : la femme se sent vraiment enceinte.

Le peuple africain Yoruba considère que la femme est maîtresse de tous les dieux et de tous les hommes quand elle a vécu une grossesse, qu'elle est une sorte d'« initiée naturelle ». Pitié, ne racontez pas ça à votre compagne ! Vous n'avez pas fini de vous prosterner !

Chacun connaît son corps, fait avec ce que la nature lui a attribué. Certains d'entre nous ont même cherché à le modifier ou le dompter. Notre corps est notre intime.

Mais son corps changeant est encore inconnu pour elle. Elle doit en découvrir jour après jour les nouveaux contours, d'autres reliefs, elle doit l'habiter et il faut un peu de temps pour cela. Ce processus ne va pas sans difficultés ni émotions parfois... D'autant que cela ne se fait pas toujours en parfaite harmonie : vergetures, nausées, douleurs dorsales ou lombaires et angoisses peuvent venir perturber la femme enceinte pendant ces 9 mois.

Et vous, vous en êtes le témoin ! Et sans toujours comprendre ce qui se joue, vous aurez aussi à transformer le regard que vous portez sur elle, à vous adapter à ses nouvelles limites, à une sensibilité différente et des plaisirs modifiés.

Vous voilà parti pour vous adapter à elle devenant mère ; elle, dont le corps le matérialise ; elle, qui ne correspond plus tout à fait à votre schéma érotique ; elle, qui vous aspire dans la spirale d'une conversion identitaire.

Animalité

« Non, mais tu t'es vue ! »

Il y a un secret de la naissance. Tout un tas de choses qu'on ignorait à propos de sa compagne et qu'on découvre pendant l'accouchement. Cette période est pour elle une découverte de soi, un moment d'écoute de soi (même elle risque de ne pas tout à fait se reconnaître !). Dans ce temps suspendu, elle est emportée par la nature. L'instinct prend le dessus sur l'intelligence. Il n'y a plus de normes, plus de bienséance, aucun tabou socioéducatif ! Elle peut prendre des postures sans pudeur, crier, transpirer... Elle n'est plus du tout dans le paraître, elle est hors tout, dans un état de liberté totale. C'est un lâcher-prise qui peut surprendre, voire choquer l'homme et l'amoureux que vous êtes !

Qu'est-ce que je peux faire ?

Surtout, il faut l'emmener et l'accompagner sur ce terrain : c'est comme cela qu'elle accouchera mieux et plus facilement. Il ne faut pas la ramener à la coutume familiale, à la bienséance. Elle est libre de toute culture, de plain-pied dans la nature, sa nature : elle est prête ! Il serait d'ailleurs souhaitable que vous soyez accompagné pour, vous aussi, aller jusque-là. Vous verrez, dès qu'elle aura accouché, la nature se remettra en veilleuse.

contractions pudeur

Bassin

« Le centrage du bassin, c'est un peu comme le planter du bâton, non ? »

Avant la grossesse, on ne sait pas trop ce que c'est, ou alors très vaguement ! C'est par le bassin que se glissera le bébé le jour J. Il s'agit d'un canal osseux qui repose sur les membres inférieurs et soutient le tronc. Il est formé de trois grands os articulés entre eux, bien que peu mobiles : le sacrum derrière, les os iliaques sur le côté et le pubis devant.

Le **bassin** doit être bien équilibré : dans ce cas-là, le sacrum (les cinq dernières vertèbres avant le coccyx) se change en toboggan, ce qui permet au bébé de descendre facilement.

Il existe quatre formes de bassin « normal ». En fonction de cette forme, le bébé n'entrera pas dedans de la même façon. C'est pourquoi les femmes ne choisissent pas les mêmes postures pendant le travail ou l'accouchement. Sans le savoir, en recherchant à mieux vivre les contractions, elles positionnent leur bassin dans un angle et un axe concordant avec la descente du bébé.

Qu'est-ce que je peux faire ?

Aidez-la à centrer son bassin (il faut qu'elle remonte le pubis vers l'avant, c'est ça l'astuce !), à vérifier son horizontalité (pas de cambrure trop importante des reins, pas trop de rondeur non plus) et à penser à plier les genoux dans la vie quotidienne – en sentant le bassin revenir en arrière, elle trouvera son équilibre.

radiopelvimétrie **postures**

Gratouille

« Ça vous chatouille ? »

Vous avez constaté que son ventre la démangeait ? Si le problème est localisé uniquement sur le ventre, ce prurit de la grossesse n'est probablement pas pathologique. Cette sensation de picotement peut même s'accentuer au cours de la grossesse. Normal : plus le terme avance, plus la peau du ventre se tend et s'assèche.

Attention ! Si cette **gratouille** persiste et s'installe, si ces démangeaisons s'étendent à la plante des pieds, aux mains, aux bras – et si elles se doublent de problèmes d'insomnie –, il peut s'agir dans quelques cas rarissimes de la « cholestase gravidique », un mauvais fonctionnement du foie dû à l'explosion hormonale. Dans ce cas, conseillez-lui de consulter son médecin et de faire un bilan hépatique.

Qu'est-ce que je peux faire ?

Offrez-lui une crème très nourrissante pour son petit (gros) ventre, ça devrait suffire à la soulager. Le talc est aussi une bonne réponse. Proposez-lui de masser la peau de son ventre chaque jour et achetez-lui des vêtements amples pour éviter tous les frottements désagréables.

ventre **massage**

Entre nous

« J'avais enfin trouvé ma mission : je lui ai acheté un kit anti-démangeaisons en début de grossesse. Du talc parfumé, une lotion à la calamine et des pains de savon de Marseille. »

Eddy, 44 ans, papa de Samia et compagnon de Sabine.

Groupes (de parole)

« Je suis en première année d'école paternelle »

C'est bien connu, le garçon parle peu de ses émotions. Difficile de se livrer, y compris à un copain, sur ses doutes, ses peurs, ses angoisses, ses frayeurs même, pourquoi pas. Mais des **groupes de parole**, encore peu répandus (quelques dizaines de maternités seulement en France, plutôt à Paris et en région parisienne), sont organisés pour accompagner les hommes en respectant leur singularité et leurs spécificités masculines.

Animés par des hommes – sages-femmes ou obstétriciens – et vraiment tournés vers eux, ces groupes de parole ont été initiés au début des années 80 par le pédiatre Alain Benoît ou le gynécologue-obstétricien Gérard Strouk (à la maternité des Lilas). On y parle librement et simplement de ses angoisses, de ses doutes, de ses joies, de ses attentes.

En abordant toutes les questions sans tabous, ces groupes permettent d'arriver à l'accouchement plus serein et d'être en mesure de répondre aux demandes de sa compagne tout en accueillant le nouveau-né dans les meilleures conditions.

Le combat actuel des sages-femmes ? Qu'une séance 100 % masculine soit remboursée par la Sécurité sociale !

Qu'est-ce que je peux faire ?

Ces groupes vont vous apprendre à aborder la grossesse en pensant à ce que vous voulez vivre et à la place qui vous convient le mieux. Vous y découvrirez que vous n'êtes pas seulement le compagnon de votre femme, encore moins sa sage-femme ! Vous êtes un homme traversé d'émotions, acteur à part entière de l'histoire de cette naissance.

préparation **sage-femme** **masculinité**
père **compétence**

Entre nous

« Participer à un groupe de parole dans ma maternité m'a permis de devenir acteur de cet accouchement et pas juste spectateur ! Ça m'a permis d'avoir les bons réflexes. J'y ai compris un truc tellement important : pendant un accouchement, c'est la femme qui gère la douleur, l'homme s'occupe de tout le reste. »

Tom, 33 ans, papa d'Arthur et mari de Delphine.

« La sage-femme était un homme : ça change tout ! Je m'adressais autant à l'homme qu'au professionnel de la naissance, finalement. Et j'entendais autant l'un que l'autre. Il me rassurait énormément, je pouvais me laisser aller à être moi-même, parfois "politiquement incorrect". »

Éric, 36 ans, papa de Yola et mari de Sidonie.

Hormones

« Laisse tomber, c'est ses hormones ! »

Contre toute attente, les femmes ne sont pas les seules à être sujettes aux variations hormonales pendant la grossesse ! Plusieurs études américaines et canadiennes (*Longitudinal evidence that fatherhood decreases testosterone in human males*, 2011) ont démontré des changements hormonaux chez les hommes qui attendent un enfant et qui deviennent papa. Le niveau de testostérone, hormone mâle par excellence et celle de l'agressivité, chute lorsqu'on devient père. Et plus on est impliqué dans les soins du bébé, plus ce niveau est bas. En revanche, le taux de prolactine, l'hormone de la lactation, augmente 2 mois avant l'accouchement, proportionnellement à l'attachement qu'il éprouve pour son enfant. Les hommes seraient donc programmés pour participer aux soins et à l'éducation des enfants, ils se prépareraient doucement au « paternage ».

couvade **acting** **père** **paternage**

Instinct

« Je ne suis pas un animal, moi ! »

Nous sommes, par nature, vous, nous, tout le monde, plus riches en intelligence qu'en **instinct**. Il est difficile de parler d'« instinct paternel » : ce qui fait devenir père, c'est le temps pris avec l'enfant, l'observation attentive de celui-ci. S'il y a un moment où les femmes semblent se rapprocher de cet état de nature instinctif, c'est bien l'accouchement, car elles sont alors plus « de nature » que « de culture » – la femme accouche instinctivement.

Certaines compétences masculines semblent naturelles, voire innées : le portage du bébé en est une. L'homme porte spontanément le bébé debout, dans la verticalité (il a été prouvé que ce portage physiologique développe son tonus musculaire), en le tournant vers l'extérieur – quand la femme, en une résurgence de la tétée, le tourne vers elle.

Qu'est-ce que je peux faire ?

Conservez cet instinct sans jamais chercher à faire comme les professionnels ou comme votre compagne. Soyez vous-même. Rappelez-vous : être un père, c'est ne pas être une mère ! Et si vous ne sentez pas en vous cette fibre paternelle avant la naissance, ça ne signifie pas que vous n'aimez pas cet enfant à venir ! Seul le temps passé avec lui suscitera ce désir d'être avec lui.

compétence **père** **paternage**

Jalousie

« Non, mais quoi, j'existe moi aussi ! »

On peut avoir peur de ce que sa compagne devient, on ne la reconnaît pas toujours dans la maternité. Il y a du secret qui émerge de cet état, quelque chose qui n'appartient plus à l'homme. Celui-ci soudain se sent seul et secondaire : « Est-ce qu'elle va encore s'occuper de moi ? » Il ressent la crainte très réelle d'être remplacé, laissé de côté, abandonné. D'autant qu'elle sent le bébé dans son ventre et lui, non. Il a le sentiment qu'elle est en train de créer sa relation avec ce petit être et qu'il est hors-jeu ! Un pur sentiment de **jalousie** en somme.

Qu'est-ce que je peux faire ?

Ce mélange de joie et de jalousie mêlées est tout à fait compréhensible. On peut avoir du mal à assumer son nouveau rôle et craindre de ne plus retrouver cette intimité – sexuelle, mais pas seulement – avec sa chérie. Dites-le-lui, expliquez à votre compagne ce que vous ressentez, elle saura vous apaiser et vous convaincre que deux tendresses font bon ménage. Essayez également d'établir des contacts avec le bébé : touchez le ventre, posez votre oreille, touchez-le, parlez-lui !

ventre voix voyeur

Kilos

« Je ne suis pas une balance ! »

Il y a des tonnes (hihihi) d'idées reçues sur ce sujet : « La femme enceinte doit manger pour deux ! »... Faux ! Une prise de poids trop importante peut engendrer des risques de diabète et d'hypertension. « Il ne faut pas prendre plus d'un kilo par mois ! »... Archifaux !

La prise de poids de la femme, si elle doit être régulière, dépend de son indice de masse corporel antérieur à la grossesse et de son métabolisme. En moyenne, la femme devrait prendre 12 **kilos** sur la durée de la grossesse. Mais plus elle est mince, plus elle peut prendre – et elle reperdra facilement.

La prise de poids peut donc aller de l'amaigrissement chez la femme obèse à 18 kg chez la femme mince. En tout état de cause, elle va devoir accepter ce nouveau schéma corporel, et vous aussi !

Qu'est-ce que je peux faire ?

Respectez avec elle un bon équilibre alimentaire. Soyez présent et à l'écoute pour qu'elle ne compense pas ses angoisses par l'alimentation. Et modifiez si besoin votre schéma érotique pour pouvoir continuer à lui dire qu'elle est belle, même plus ronde. Si elle le vit mal, conseillez-lui une consultation avec une diététicienne, voire avec une psychologue.

Et de votre côté, surveillez un peu votre poids : il n'est pas rare de voir des futurs papas prendre 10 kilos pendant la grossesse. La différence, c'est qu'elle va perdre tout le poids qu'elle a pris... vous, c'est déjà moins sûr !

ventre couvade

Larmes

« Faut pas pleurer comme ça ! »

La grossesse est un moment propice aux doutes et au questionnement. Votre compagne peut passer d'un état à l'autre, faire preuve d'une hyperémotivité, d'une hypersensibilité au monde. Elle parcourt un chemin intérieur, revisite son histoire, se tourne vers sa nouvelle famille : vous et votre enfant. Ça explique l'émotion ! L'homme, lui, est déconcerté. Il ne comprend pas pourquoi, d'une minute à l'autre, la femme peut passer du rire aux **larmes**.

Ses larmes sont purement émotionnelles. Elles permettent de mettre en évidence ce sur quoi elle doit se concentrer, mais aussi de résoudre un conflit intérieur et obtenir un soutien. Les larmes évacuent les hormones de stress et augmentent la sécrétion des endomorphines.

Qu'est-ce que je peux faire ?

N'essayez pas toujours de la protéger ! Laissez-la pleurer – même devant vous, surtout devant vous – car il est plus facile de se laisser aller dans les bras de quelqu'un que dans son coin. Sachez que les larmes de joie ne sont pas différentes des larmes de tristesse. Elles ont pour effet de permettre au corps de retrouver son équilibre après avoir été trop stimulé, positivement ou négativement. C'est pourquoi les hommes pleurent beaucoup, et facilement, juste après la naissance. Allez, vous aussi, vous pouvez laisser couler vos larmes, ça fait un bien fou !

Acceptez de ne pas tout comprendre ! Si la grossesse se vit à deux, elle est aussi un chemin singulier, pour elle comme pour vous. En revanche, si les épisodes de larmes sont plus importants que les moments de joie, incitez-la à en parler à la sage-femme ou à son gynéco.

hormones **envies** **nausées** **protecteur**

Maternité

« Tu as une préférence, chérie ? »

On choisit son établissement avec soin, comme un plat sur un menu. Par exemple, les hôpitaux labellisés IHAB (Initiative Hôpitaux Amis des Bébés) prônent l'allaitement au sein ; si vous avez décidé de nourrir votre enfant au biberon, à quoi bon ? La maternité est-elle proche de chez vous ? Tient-elle compte du projet de naissance ? Pourrais-je y rester dormir ?

Même si ça vous paraît à des années-lumière de vos préoccupations du moment, pensez à vous inscrire très tôt – c'est-à-dire dès les quelques jours de retard de règles (je vous jure que c'est vrai !) – si l'accouchement doit se dérouler dans une grande ville et si vous avez choisi une **maternité** d'élite. Si vous vous y prenez trop tard, vous n'aurez plus le choix, c'est la maternité qui vous choisira.

Visitez toujours l'établissement, rencontrez l'équipe, discutez, échangez avant de prendre votre décision.

Qu'est-ce que je peux faire ?

Impliquez-vous personnellement dans le choix de la maternité, renseignez-vous, passez des coups de fil à des copains et copines : c'est d'autant plus important que certaines maternités laissent davantage de place au père.

niveau **sage-femme** **OMS** **projet (de naissance)**

Mummyrexie

« Ça ne tourne vraiment pas rond ! »

Quelques stars hollywoodiennes se mettent à la diète pendant leur grossesse pour garder la ligne et récupérer leur ventre quelques jours seulement après la naissance de leur bébé. On appelle ce phénomène « **mummyrexie** » (contraction de *mummy*, qui signifie « maman » en anglais, et d'« anorexie »). Ce qui est plus grave, c'est que sur des forums dédiés à la naissance, on lit des témoignages de jeunes femmes qui suivent la même voie.

Les risques pour le bébé et la maman sont importants (anémie, naissance prématurée, notamment). Si la femme prend du poids pendant sa grossesse, ça n'est pas un hasard : il s'agit pour elle d'accumuler l'énergie et les réserves dont elle aura besoin après l'accouchement.

Ce comportement est une sorte de déni de grossesse : ces femmes veulent finalement le bébé sans la grossesse et les kilos.

Qu'est-ce que je peux faire ?

Surveillez discrètement son alimentation, sans jamais la fliquer – c'est une grande fille ! Et si elle se pose des questions sur son poids, les kilos en trop qu'elle pense ne jamais pouvoir perdre, rappelez-lui cet adage : « Il faut 9 mois pour faire un bébé et autant pour le défaire. »

poids

Nausées

« J'ai l'impression d'avoir embarqué sur une mer déchaînée ! »

Elle n'est pas la seule à qui ça arrive ! 75 % des femmes enceintes vivent à peu près la même chose. Ces **nausées** apparaissent dès 4 semaines, puis s'éclipsent entre 12 et 17 semaines. On ne sait pas précisément à quoi attribuer ces haut-le-cœur matinaux. L'augmentation de la taille de l'utérus ? Celle de la progestérone qui ralentit la vidange gastrique ? L'augmentation soudaine des perceptions olfactives ?

Évidemment, les nausées sont pour les hommes comme l'intrusion d'un désagrément dans le ciel tout bleu des débuts de la grossesse. Voilà pourquoi on peut se sentir désarmé.

Qu'est-ce que je peux faire ?

Au réveil, servez-lui un grand verre d'eau pour éviter le petit creux responsable des haut-le-cœur. Faites-lui boire des jus de fruits sucrés le matin (l'hypoglycémie aggrave les choses). Pensez au petit déjeuner au lit ! Elle sera comblée et cela lui évitera d'avoir le cœur à l'envers au saut du lit. Conseillez-lui d'oublier les repas copieux et de fractionner son alimentation en 5 ou 6 prises. Aérez le plus souvent possible la cuisine pour éviter les odeurs désagréables, faites la cuisine et les courses à sa place et passez à l'eau de Cologne si vous portez habituellement des machins qui emportent le nez, genre *Invictus* ou *One Million*.

larmes **sciatique**

Entre nous

« J'ai remarqué que les odeurs de cuisson l'incommodaient pas mal et amplifiaient ses nausées. Je ne lui préparais pratiquement que des repas froids et elle se sentait beaucoup mieux ! »

Joël, 36 ans, papa de Samantha et mari de Sydney.

Niveau

« Donnez-moi la Rolls de la maternité ! »

Vous rêvez évidemment de la sécurité maximale pour votre compagne et votre bébé, d'un personnel compétent et disponible, d'une chambre spacieuse... C'est bien normal !

Vous avez entendu parler de maternité de **niveau** 1, 2 ou 3. Le niveau 1 serait-il moins performant ? Allez-vous mettre en danger votre bébé si vous optez pour une maternité de ce type ? D'abord, il s'agit d'une classification pédiatrique, pas obstétrique ! Cela signifie que toutes les maternités en France disposent de l'équipement nécessaire pour prendre en charge un nouveau-né à la naissance, même si un besoin de réanimation intervenait. C'est dans la suite du suivi pédiatrique que tous les établissements ne sont pas équipés pareillement. En gros, les maternités de type 1 accueillent les femmes dont la grossesse est normale, et l'accouchement, a priori, ne présente aucun risque. Il ne s'agit pas de critères de qualité : les trois niveaux de maternité disposent d'un pédiatre, d'un anesthésiste-réanimateur et de sages-femmes – l'équipe n'est pas réduite au niveau 1. Sachez qu'en cas de problème, les maternités fonctionnant en réseau, votre compagne sera transférée dans l'établissement adéquat. Rassuré ?

maternité **projet (de naissance)**

Peau (à peau)

« Ça vous gêne si j'enlève mon T-shirt ? »

Née en 1978 à la maternité colombienne de Bogota, qui manquait cruellement de couveuses, la pratique du « **peau à peau** » consiste à prendre le nouveau-né directement sur son corps nu pour le rassurer après le choc de la naissance.

À moins d'avoir choisi une maternité ouverte à une approche plus naturelle de l'accouchement (les Lilas ou les Bluets à Paris, celle de Thonon-les-Bains (74) ou de Lyon Sud (69), par exemple), c'est à vous d'en faire la demande auprès d'une sage-femme ou d'une puéricultrice.

Ce corps-à-corps a des vertus innombrables : il permet au nouveau-né de retrouver les 37 °C dans lesquels il flottait dans le ventre de sa maman, il maintient sa température corporelle et crée les conditions d'un bon sommeil. Il déclenche par ailleurs la production d'une hormone capitale chez le bébé, mais aussi chez le papa : l'ocytocine. Cette hormone de l'amour a le don de favoriser l'attachement.

Dans le cas d'une césarienne, le peau à peau est presque toujours proposé au papa.

Qu'est-ce que je peux faire ?

Le jour J, les sages-femmes vous donneront un coup de main pour installer le bébé sur vous et vous rassurer si vous avez peur de ne pas bien vous y prendre.

césarienne **projet (de naissance)** **préparation**

Périnée

« Pas la chaîne de montagnes, l'autre ! »

Le plancher pelvien (son nom médical) est un ensemble de muscles et de ligaments en forme de hamac qui va de l'os pubien jusqu'au bas de la colonne vertébrale et qui soutient le vagin, la vessie et l'anus. C'est l'appui sur le périnée qui fera savoir à la femme que son bébé est engagé dans le bassin, la fameuse « envie de pousser ». C'est aussi ce périnée qui peut être lésé par une déchirure ou l'épisiotomie. Il est mis à rude épreuve pendant la grossesse : il supporte beaucoup de tensions avec le poids du bébé et a tendance à se relâcher.

Dès le 4e mois, la sage-femme vous donnera quelques exercices à faire pour assouplir le **périnée** et éviter l'épisiotomie. La rééducation postnatale permet, elle, d'échapper aux petits désagréments comme les fuites urinaires.

Qu'est-ce que je peux faire ?

Avec une crème à l'amande douce, massez la zone entre l'anus et la vulve pour l'assouplir et minimiser le risque d'épisiotomie. Un doigt en crochet à l'entrée du vagin vers l'anus, tirez un peu vers l'arrière. Puis avec le pouce, massez à l'extérieur, entre 9 heures et 3 heures. À faire 5 minutes par jour le dernier mois.

Quant à vous, profitez-en pour prendre conscience de votre périnée (oui, les hommes en ont un !) et travaillez-le. Vous pourrez maintenir de belles érections dures et avec un peu d'entraînement, maîtriser l'orgasme multiple et non-éjaculatoire !

épisiotomie **massage** **sage-femme**

Plainte

« Si, si, tu as le droit de te plaindre ici ! »

Dire sa douleur est difficile ! La **plainte** de la femme pendant les contractions peut décontenancer l'homme que vous êtes – j'ai lu quelque part qu'un hôpital du Zimbabwe taxait les femmes qui criaient pendant l'accouchement. Chez nous, on ne taxe pas, mais on fait bien souvent taire. Alors qu'au contraire, il faut savoir accueillir la douleur de sa partenaire : elle peut crier, psalmodier, gémir, pleurer, s'agiter dans tous les sens, vous attraper... Mieux vaut ne pas fuir cette plainte, mais plutôt l'accueillir et l'encourager. Faute de quoi la douleur se changera vite en angoisse.

La femme qui se plaint se plaint d'abord de sa douleur utérine. Elle dénonce sa douleur et demande une forme de réparation. Elle s'adresse au fond à votre bonne volonté. Elle vous appelle. Il faut entendre ça ! Ne répondez pas seulement à l'organe qui a mal : répondez-lui à elle ! Elle ne dit pas seulement « la contraction fait mal », elle dit « moi, Cécile, j'ai mal ». Vous voyez la nuance ? La plainte de VOTRE femme lui permet de se distinguer des autres femmes. « MOI ! MOI ! », vous dit-elle. La plainte est aussi un laisser-aller, un lâcher-prise.

Qu'est-ce que je peux faire ?

Le meilleur moyen que cette plainte ne devienne pas une agression, c'est de la comprendre et d'y répondre. Elle ne vous demande pas un savoir, mais une présence. Vous pouvez lui prendre la main, lui sourire. Et vous aussi, apprenez à vous plaindre, comme une façon de vous montrer, de vous manifester, de dire que vous existez. Mais attention : tournez-vous vers les sages-femmes, pas vers votre compagne qui est trop occupée avec elle-même. Et surtout, prenez du recul, sinon tout ne sera que souffrance pour vous !

salle de naissance **contractions**

Hiiiiiiii!!
Hiiiiiiii!!

Entre nous

« J'avais envie qu'elle se laisse complètement aller, qu'elle ne restreigne pas ses gémissements, ses plaintes... Alors je me suis mis à gémir avec elle pour libérer son angoisse. Ça l'a libérée ! Elle a pu se laisser aller, vraiment, jusqu'au bout. Je me suis rendu compte que ça m'aidait beaucoup aussi. »

Philippe, 33 ans, papa d'Élodie et mari de Sacha.

Postures

« C'est du yoga ou bien ? »

Il ne faut pas oublier que l'accouchement est corporel, ce n'est pas qu'un concept. La mobilité pendant le travail est très importante : en passant par des **postures** différentes, on favorise la mécanique obstétricale et l'accommodation du bébé au bassin.

Les postures choisies par la femme ne le sont jamais par hasard : elles sont en relation avec la forme de son bassin et la position fœtale *in utero*, ainsi qu'avec le stade d'évolution du travail. L'atout de la femme est donc sa sensorialité et l'écoute de soi. Si elle vous demande de l'aider à prendre telle ou telle posture, ne cherchez pas à comprendre et contentez-vous de l'aider. La base d'une bonne posture est l'antéversion du bassin, qui consiste à remonter le pubis vers l'avant.

En France, la posture gynécologique reste encore la plus fréquente. Elle n'est pourtant pas physiologique. La position assise est préférable et ne modifie en rien les pratiques des sages-femmes ou des médecins.

Enfin, accoucher sur le côté rassemble tous les atouts : bonne orientation du bassin, poussée plus efficace, périnée protégé.

Qu'est-ce que je peux faire ?

Vous pouvez veiller en l'observant, surtout si elle perd ses repères, à préserver une bonne posture. Vous pouvez aussi la soutenir dans chacune d'entre elles. Puis conseillez-lui, vers la fin du travail, de placer les genoux à l'extérieur des pieds, afin d'ouvrir le détroit supérieur du petit bassin et de faciliter l'engagement du bébé. Au final, la bonne posture pour donner naissance à votre bébé sera celle où elle se sent le plus à l'aise. Si elle oubliait de bouger – notamment sous péridurale, car alors elle ne recherche plus le soulagement –, rappelez-le-lui !

contractions **bassin** **animalité** **plainte**

Projet (de naissance)

« Tu fais quoi dans la vie, à part accoucher ? »

Concept popularisé en France dans les années 2000, qui nous vient tout droit de la culture anglo-saxonne, **le projet (ou plan) de naissance** s'inscrit dans l'objectif national d'une prise en charge périnatale plus humaine. Il n'est ni plus ni moins qu'une manière d'exprimer vos souhaits en tant que futurs parents sur le déroulement de l'accouchement.

Votre compagne veut marcher le plus possible pendant le travail (monitoring mobile), elle désire que le bébé soit mis au sein immédiatement, elle refuse catégoriquement l'épisiotomie... Vous voulez, de votre côté, donner le premier bain à votre bébé, vous souhaitez la présence des futurs frères et sœurs en salle de naissance, aimeriez être présent au bloc en cas de césarienne, donner ou garder le sang du cordon de votre bébé, construire une ambiance sereine et intime en limitant le nombre de personnes présentes, les allers-retours... Vous pouvez consigner tout cela par écrit.

Ce document, signé par vous et l'équipe de la maternité, puis glissé dans le dossier médical, n'a aucune valeur juridique : c'est un contrat moral entre vous et eux.

Bien qu'un accouchement soit rempli d'imprévus, mettre vos préférences par écrit peut vous apporter davantage de confiance et vous permettre de mieux contrôler les événements. C'est un moyen de transmettre vos souhaits quand il est difficile de parler de soi en travail d'accouchement. Ce peut être un support d'échange avec les soignants, qui, tant qu'il reste compatible avec l'impératif de sécurité des soins, doit être pris en compte.

Qu'est-ce que je peux faire ?

Parlez-en tous les deux, exprimez aussi ce qui vous tient à cœur dans votre approche de la naissance. Soyez vigilants et veillez à ne pas idéaliser le projet. Il est important que vous puissiez en construire un réalisable, et pour ça, restez à l'écoute de vos sensations. Et puis, la naissance est un événement imprévisible ! Il faut accepter que ce projet puisse varier, d'instant en instant, à chaque étape, et l'adapter au déroulement des événements.

accouchement **salle de travail** **sage-femme**
péridurale **peau à peau**

Respiration

« Inspirez... expirez ! »

Vous l'avez remarqué : votre compagne a du mal à respirer par le nez, elle est essoufflée, sa voix devient plus grave... C'est parce que les changements hormonaux causent une congestion de la muqueuse du larynx et des bronches.

Au dernier trimestre, l'utérus fait remonter tous les muscles essentiels à la **respiration**, comme le diaphragme – poussé vers les poumons – qui s'évase, ce qui limite ses mouvements et fait perdre à la femme une partie de sa capacité résiduelle pulmonaire.

Enfin, elle respire pour son bébé dont les poumons ne fonctionneront qu'à la naissance : elle inspire donc 10 à 15 % d'air en plus, pour elle et pour lui.

La respiration de la grossesse est naturelle : les femmes ont accouché et respiré en même temps bien avant qu'on leur explique les choses ! Il lui faut placer le souffle pour le préserver. C'est en centrant le bassin que le mouvement du diaphragme devient libre et complet.

Qu'est-ce que je peux faire ?

La respiration abdominale est très oxygénante pour le bas-ventre, c'est donc la plus utile dans cette période-là ! Néanmoins, gênée par le poids de l'utérus et les douleurs de certaines contractions, la femme a tendance à respirer « du haut ».

Aidez-la à bien basculer le bassin vers l'avant. Mettez ensuite vos mains sur ses flancs et sur le bas de son dos afin qu'elle sente le souffle les remplir. Ainsi, elle aura moins tendance à respirer par le haut du thorax lorsqu'elle ne percevra plus le mouvement ventral de la respiration.

Consacrez 10 minutes par jour à pratiquer avec elle des exercices respiratoires : inspirez par le nez en gonflant le ventre, puis expirez sur 7 temps en rentrant le ventre. Guidez-la pour prolonger l'expiration : ça détend et plus le poumon est vidé, plus il se remplit ! Elle apprendra alors à se laisser bercer par son mouvement respiratoire quand elle se sentira tendue.

utérus **préparation (à la naissance)** **postures** **bassin**

Rythme

« L'accouchement, c'est un peu comme la musique ! »

Dans la salle de travail, une fois qu'on s'est créé son petit cocon d'intimité, il faut entrer dans le tempo de l'utérus. Si vous n'êtes pas musicien, voilà ce que ça veut dire : entre deux contractions, aidez-la à se détendre, à récupérer (caressez-la, massez les zones tendues, distrayez-la). Lorsque la contraction revient, mettez-vous en retrait. La femme a besoin d'être aidée à se situer dans le **rythme** de l'effort et du repos. Pendant la contraction, si elle sait où elle en est, elle peut mieux la vivre et récupérer. Si vous perdez les pédales, que vous perdez le rythme, elle pourrait bien vous renvoyer dans vos 16 mètres, et pas forcément gentiment !

Qu'est-ce que je peux faire ?

Se caler dans le tempo de l'utérus, c'est le meilleur moyen de respecter le temps de la femme. Il ne faut aller vers elle que dans les intervalles de repos. En vous basant sur le monitoring, prévenez-la que la contraction arrive pour qu'elle ne se fasse pas surprendre. Dites-lui quand elle est terminée pour qu'elle se ressource. Vous lui éviterez de rester dans la mémoire de celle qui vient de passer et d'être dans l'anticipation de la suivante. Méfiez-vous de vos gestes de tendresse spontanés qui peuvent la déstabiliser.

contractions **utérus** **monitoring** **coach**

Entre nous

« Dès que je sentais le souffle de ma femme changer en début de contraction, je me mettais instinctivement à compter : 1, 2, 3, 4, 5 et 6. C'est parce que je comptais qu'elle savait où elle en était de sa respiration. À 5, elle savait que la contraction commençait à descendre. »

Pierre, 42 ans, papa de Carla et mari de Sylvia.

Sang

« Ça ressemble à un film gore ? »

Pour les hommes, accouchement = **sang**. Le sang qui coule pendant la naissance est vu comme un risque vital ; la peur du sang renvoie souvent à l'image des femmes qui meurent en couches par hémorragie. Si ce sang nous inquiète tant, c'est qu'il réveille en nous une peur de la mort – chez une femme au contraire, il est un signe de vitalité. Malgré les cours de SVT, nous n'avons pas l'expérience des règles comme les femmes !

Le sang de l'accouchement provient d'un hématome physiologique qui se crée en arrière du placenta pour le décoller. Lorsque le placenta s'évacue, le sang s'écoule d'un coup, ce qui peut être impressionnant. Les saignements sont stoppés par le travail de l'utérus qui, en se contractant, resserre les vaisseaux sanguins.

Qu'est-ce que je peux faire ?

Restez près de votre compagne et occupez-vous du bébé à sa sortie pour ne pas assister à ce saignement plus important. Mais sachez qu'il y a fantasme de la violence de l'accouchement : ce qui serait vrai si l'on était spectateur de l'action ne l'est plus du tout sitôt que l'on est dans l'action. Et vous le serez !

règles **accouchement**

Entre nous

« J'ai suivi tous les cours de préparation à l'accouchement... L'intérêt n'a pas été le savoir technique que j'y ai reçu. En revanche, j'ai appris à mieux connaître ses besoins et ses attentes : elle m'a dit qu'elle ne voulait pas de massages pendant l'accouchement, mais juste sentir ma présence. Elle voulait aussi entendre des petits mots d'amour ! Sachant ça, j'ai évité les gaffes et les énervements. »

Alex, 35 ans, papa de Lena et de Nelly et amoureux de Fanny.

Sciatique

« Tu veux que j'appelle le kiné ? »

Le nerf **sciatique** part du bas du dos, longe la face arrière des jambes, et se ramifie dans les pieds : il permet de ressentir des sensations dans les jambes. La sciatique est une douleur provoquée par la compression du nerf du même nom. Parfois très invalidante, elle part du haut de la fesse, gauche ou droite, et descend plus ou moins bas, le long de la jambe.

La grossesse favorise l'hyperlaxité ligamentaire ; ajoutez à cela que la cambrure de la femme s'accentue et que son énergie s'affaiblit... Vous avez tous les éléments réunis pour provoquer une belle sciatique ou, plutôt, une « douleur sciatalgique » (le nerf sciatique n'est pas compressé, mais juste irrité par un muscle ou un ligament).

Qu'est-ce que je peux faire ?

Portez les charges lourdes à sa place. Emmenez-la à la piscine, aidez-la à bien basculer le bassin vers l'avant. Et puis surtout, massez-la : en partant de la pointe du coccyx, remontez en oblique vers une petite fossette située de chaque côté de la colonne vertébrale. Puis allez stimuler un point entre les deux muscles des mollets et au milieu du creux du genou. Conseillez-lui surtout d'écouter son corps et d'arrêter ce qu'elle est en train de faire dès qu'elle a mal.

Vous pouvez aussi vous en remettre à un professionnel : certains ostéopathes sont spécialisés dans le traitement de la femme enceinte et peuvent aider à soulager les maux de la grossesse (lombalgies, troubles gastriques, maux de tête ou jambes lourdes...), et à optimiser la mobilité du bassin avant l'accouchement.

bassin **postures** **massage**

Entre nous

« Tous les soirs, je la massais : ce n'était pas un massage agréable pour elle, et moi j'en avais un peu marre. Mais vraiment rien de mieux pour la soulager. Seul notre ostéo y parvenait en deux séances ! Il faudrait proposer aux ostéopathes de faire des cartes de fidélité : trois séances, la suivante offerte ! »

Philippe, 41 ans, papa de Gena et compagnon de Sarah.

Seins

« Ils sont à qui ces petits seins (bis) ? »

Il y a deux règles de base à connaître :

1. une femme enceinte « prend » des **seins** (non, ce n'est pas une légende ! Elle avait peu de poitrine et elle hérite de seins généreux) ; le gonflement des seins est même souvent le premier signe de grossesse ;

2. si les seins de la femme enceinte gonflent et s'alourdissent, ils sont aussi douloureux (ses mamelons durcissent, elle peut même ressentir des fourmillements dans les tétons). Alors,

on fait gaffe où on met les mains ! Une femme enceinte peut assassiner si on lui touche les seins au premier trimestre de la grossesse ! Les responsables ? Les hormones, en pleine explosion (progestérone, œstrogène et prolactine), et les canaux galactophores, destinés à acheminer le lait maternel et qui se multiplient dans la glande mammaire, ce qui rend les seins sensibles, voire douloureux.

Qu'est-ce que je peux faire ?

Respecter son choix. Si ses **seins** sont douloureux, on arrête les caresses un temps et on pourra reprendre au second trimestre. Offrez-lui donc un soutien-gorge en coton doux pour la nuit !

Ah oui ! Un détail : au début du 3e trimestre, on peut voir apparaître des pertes de lait au moment de l'orgasme. Pas de panique, c'est la lactation qui se met en place... Pas la peine d'arrêter tout net les câlins !

hormones **toucher** **câlins**

Entre nous

« La sage-femme m'a appris que le volume sanguin était plus important chez la femme enceinte et que, du coup, les veines sont trop petites pour le flux sanguin. "Il n'y a rien à faire", m'a-t-elle dit – sauf dormir avec les jambes surélevées. J'ai fabriqué avec mes petites mains (sans rien lui dire) des cales pour les pieds du lit... Elle avait moins cette sensation d'avoir les jambes gonflées au réveil. Merci qui ? »

Patrick, 34 ans, papa de Mathilde et mari de Céline.

Taxi

« Hep ! Vous êtes disponible ? »

Si vous n'avez pas de voiture, vous pouvez demander un taxi conventionné (remboursé à 100 % par l'Assurance maladie, sur prescription médicale uniquement). Le gynéco ou la sage-femme doit compléter simplement le formulaire « Demande d'accord préalable/Prescription médicale de transport » – il faudra ensuite envoyer les deux volets à votre caisse d'Assurance maladie avec la facture.

Si vous choisissez vous-même un taxi le jour J, il ne sera pas pris en charge. Dans ce cas, vous n'êtes pas obligé de dire que votre compagne est enceinte de 9 mois, 3 heures et 25 minutes, que le col est ouvert à 9 cm et que vous hésitez au sujet de la péridurale... au téléphone, donnez simplement l'adresse de l'établissement sans préciser qu'il s'agit d'une maternité. Il faut comprendre le chauffeur qui voit déjà madame accoucher sur ses banquettes en moleskine millésimées 1956 !

ambulance maternité

Terme

« L'éternité, c'est long, surtout vers la fin ! »

Une grossesse ne dure pas 9 mois ! Sa durée statistique est de 287 jours à partir de la date des dernières règles. On compte un **terme** complet pour 41 semaines d'aménorrhée, mais il s'agit juste d'une règle, d'une norme ! En réalité, le terme s'établit sur plusieurs semaines.

Une grossesse est dite « à terme » lorsque l'accouchement a lieu entre 39 et 41 semaines d'aménorrhée.

Le terme est dit « précoce » si l'accouchement a lieu entre 37 et 39 semaines.

Entre 41 et 42 semaines, on parle de grossesse « prolongée ». Le terme est dépassé quand il atteint ou dépasse 42 semaines.

La majorité des femmes accouche entre 39 et 41 semaines. La date prévue de l'accouchement n'est qu'une estimation moyenne, statistique. Le bébé peut venir au monde quand bon lui semble !

À partir de 41 semaines, on vérifie la quantité de liquide amniotique. La femme a alors rendez-vous avec son gynéco ou sa sage-femme toutes les 48 heures pour vérifier le bien-être fœtal.

aménorrhée **sage-femme** **gynéco**

Ventre

« Comme une enceinte infranchissable ! »

Le **ventre** est très en avant pendant la grossesse : l'utérus qui pousse dessous détend les abdos. Rond, tout rond, il identifie tout de suite la grossesse. La femme pose souvent les mains dessus comme si elle l'enveloppait, le soutenait.

On peut être investi dans la grossesse, aimer sa femme, cet enfant en construction et n'avoir pas envie de toucher ce ventre bizarre, habité par un alien, avec ce nombril saillant.

Pour certains hommes, le ventre de leur femme enceinte est comme la vitre d'un vivarium avec des serpents derrière... Ils savent pertinemment que la cloison ne va pas céder, mais c'est plus fort qu'eux : impossible d'y mettre la main !

Qu'est-ce que je peux faire ?

Expliquez-lui que ça n'est pas du désintérêt pour le bébé ou pour elle. Le miracle de la vie, c'est perturbant, étrange. Si vous avez peur d'écraser ce ventre, dites-le-lui aussi.

En revanche, il agit comme un aimant sur les mains de vos proches, et malheureusement, de vos moins proches – ça doit porter bonheur, c'est pas Dieu possible !

Si vous êtes gêné par tous ces gens qui franchissent son espace intime et touchent son ventre tout le temps, vous avez le droit de le lui dire ! La prochaine fois, elle glissera discrètement (avec votre consentement) à la pharmacienne ou votre gardienne que vous n'aimez pas trop qu'on touche son ventre, qu'il vous appartient.

toucher **haptonomie** **Bonapace**

Liste des questions à poser au médecin ou à la sage-femme

Acte 5

Et mon couple, alors ?

*« Ce qu'un père peut faire
de plus important pour ses enfants,
c'est aimer leur mère. »*

Théodore Hesburgh

La parentalité prend racine dans votre enfance, mais se décline dans votre conjugalité.

Vous voilà inscrits dans un projet commun et plongés en même temps au cœur de vos histoires personnelles.

Chacun doit cheminer, vivre sa propre mutation. Vous n'êtes plus toujours disponibles l'un pour l'autre. Pour certains couples, la grossesse est une période de turbulences où alternent phases d'élan amoureux et altercations.

Et puis, le corps de la femme change, il est habité par ce bébé. Même s'il n'est pas constamment au cœur de vos pensées, vous êtes déjà trois, c'est un fait !

Peur de faire mal au bébé ou à la femme, fantasme du bébé voyeur, l'idée que votre mère a pu faire l'amour pendant qu'elle vous portait... tout est là pour modifier en profondeur le désir et la sexualité.

Il n'y a quasiment aucune contre-indication à la sexualité pendant la grossesse. Dans certaines cultures, le sperme est même nourricier pour l'enfant et les contractions post-orgasmiques font office de premier massage.

Pour passer ce cap, il vous faudra inventer et découvrir l'autre d'une autre façon.

La grossesse est d'ailleurs un moment d'évolution possible du couple au-delà de la sexualité.

Des études montrent que la grossesse n'est pas le moment de la découverte de nouvelles pratiques sexuelles et qu'il y a finalement très peu de sexualité compensatoire. Tout cela se vit sans beaucoup de frustration si vous ne mettez pas tout de côté. Les câlins, la nudité partagée, le fait de se serrer contre elle pour qu'elle sente l'émergence de votre désir... tout ça vous permet de rester femme et homme.

Vous n'êtes, et ne serez, plus jamais les mêmes. Cela ne nie en aucun cas votre masculinité et sa féminité à elle. Mettez à profit ce temps pour prendre soin d'elle, d'une part, et vous offrir à elle, d'autre part, avec finesse.

Les relations de couple sont facilitées quand chacun respecte l'autre sans le juger. Soyez vous-même, sans chercher toujours à vous comprendre l'un et l'autre.

Ces temps de pause exalteront ensuite votre sexualité, car vous aurez pris le temps de la découverte, de la sensualité, de la tendresse et d'une sexualité différente.

Bombe

« Dis, tu les aimes mes fesses ? »

La sexualité pendant la grossesse, c'est un peu les montagnes russes de la Foire du Trône : des bas (très bas) et des hauts (très très hauts).

Certaines femmes, à partir du 4e mois, ont le sentiment d'être en pleine possession de leur pouvoir de séduction. Bombes d'hormones, elles vivent une sorte d'hypersexualité. C'est comme une autorisation à la plénitude !

Les nouvelles formes de votre compagne la rendent désirable, sa poitrine (qui ne la fait plus souffrir) est généreuse, son teint éclatant... C'est un vrai état de grâce – les nausées des premières semaines et l'immense état de fatigue ne sont plus qu'un mauvais souvenir. Jusqu'à la production importante de progestérone qui désinhibe totalement son désir. Vous voyez le tableau ?!

Qu'est-ce que je peux faire ?

Si vous vous sentez sur la même longueur d'onde, profitez de cette période faste pour votre couple, découvrez de nouvelles sensations, expérimentez.

sexualité câlins Rocco (Siffredi) voyeur intimidé

Câlins

« Viens dans mes bras ! »

Les changements hormonaux chez elle (elle peut subitement fondre en larmes quand vous faites l'amour), les bouleversements émotionnels chez vous, et vice versa... Pendant la grossesse, la sexualité est perturbée, voire chaotique pour certains, et c'est bien normal !

Inutile de dramatiser et de se forcer à faire l'amour. Ce qu'il faut éviter, c'est de couper les ponts, de s'éloigner physiquement l'un de l'autre. Il existe plein de solutions pour poursuivre autrement ce dialogue amoureux.

Les **câlins**, vous connaissez ? Se coucher nu l'un contre l'autre, se toucher, se caresser, ça aide à la reprise de la sensualité. La nudité partagée suffit à prolonger cette proximité que vous aviez tous les deux et si vous avez une érection, elle sera rassurée, convaincue de votre désir – c'est important qu'elle le voit ! Et pourquoi ne pas vous masturber devant elle ? Si vous – et elle – en avez envie, bien sûr.

libido **Rocco (Siffredi)** **voyeur**

Entre nous

« Dans un premier temps, je ne voulais pas embêter ma compagne avec mes émotions, mes tracas de futur père. Je voulais à tout prix donner l'image d'un roc, d'un homme sans faille, sans faiblesse. Et puis, à partir du 3e mois, nous avons mis en commun nos joies, nos doutes, nos peurs... Non seulement ça nous a permis de résoudre certains problèmes, de construire, elle sa maternité, et moi ma paternité, mais j'ai eu l'impression de jeter les bases de notre parentalité. »

Cédric, 31 ans, papa de Morgane et compagnon de Sacha.

Calme

« On dirait qu'on s'rait que tous les deux ! »

On a besoin de **calme** et d'intimité pour accoucher. Elle en a besoin, et vous aussi ! Des études démontrent que le calme (pas seulement le silence, le calme intérieur aussi !) favorise le travail progressif et efficace. Pourtant, avant de pénétrer dans une salle de naissance, on a peur que l'atmosphère soit bruyante, que les infirmières courent dans tous les sens. Au contraire, on n'entend pas de bruit : l'isolation est assez correcte et on n'entend pas ce qui se passe dans les autres salles. Il y a peu de personnes dans une salle de naissance : la sage-femme, l'anesthésiste (uniquement pour la pose de la péridurale) et les infirmières... c'est tout !

Aujourd'hui, les sages-femmes peuvent surveiller le travail à distance, ce qui limite les allées et venues, l'ouverture et la fermeture incessante des portes. La technique, les instruments viennent de temps en temps rompre ce calme : je pense notamment au bip répétitif du monitoring. Les soignants ou la sage-femme entrent, c'est vrai, de façon intempestive dans la salle. Il faut arriver à vivre ce moment sans guetter le retour de la sage-femme et recréer tous les deux une atmosphère d'intimité.

Qu'est-ce que je peux faire ?

Apportez un plaid, de la musique, un oreiller pour recréer votre univers. La sage-femme, quand elle pénétrera dans la pièce, sera « chez vous ». C'est à vous de créer cette intimité-là et vous verrez, l'équipe entrera à son tour dans ce rythme particulier et ce calme.

rythme **patience** **salle de travail** **sage-femme**

Entre nous

« Pour détendre l'atmosphère et créer un cocon dans cette salle toute blanche et impersonnelle, j'ai apporté un IPod et une base. J'ai préparé une playlist de toutes les chansons préférées d'Élodie. Malo est né sur *Tombé du ciel*, la chanson de Trenet, l'une de nos préférées. »

Philippe, 43 ans, papa de Malo et compagnon d'Élodie.

Coach

« Allez, encore un petit effort, tu peux le faire… ! »

Et si vous étiez une sorte d'entraîneur pour votre compagne ? Sachez-le, vous n'avez besoin d'aucune compétence technique pour ça. Pensez-vous vraiment que le **coach** de Rafael Nadal soit capable de faire 40 revers liftés d'affilée en plein cagnard ?

Trouvez un endroit où vous ne gênerez pas le personnel – pas devant le monitoring s'il vous plaît ! – et à partir de maintenant, soyez le médiateur entre elle et le personnel. Le voilà, le rôle que vous cherchiez ! Vous allez assurer la communication entre elle et le personnel soignant. Intercédez auprès d'eux : elle a mal aux yeux ? Ne pourrait-on pas baisser la lumière ? Il y a beaucoup de monde dans la salle de travail, pourriez-vous bénéficier d'un peu d'intimité ?

Rappelez-vous les envies qu'elle exprimait pendant la préparation, ce dont elle a envie et ce qu'elle ne veut absolument pas, ce projet de naissance que vous partagez.

Qu'est-ce que je peux faire ?

Confortez-la dans ses choix ! Et puis, recentrez-la émotionnellement : rappelez-lui le plus souvent possible la finalité de tout ce qu'elle est en train de vivre : le bébé.

haptonomie **compétence** **regard** **salle de naissance** **sage-femme** **projet (de naissance)**

Entre nous

« Ma femme voulait vivre cet événement avec sa mère ! Ça m'arrangeait d'ailleurs, j'avais peur de mal vivre ce moment. Je suis resté dehors pendant tout le travail. Au moment de l'arrivée de ma fille, la sage-femme a envoyé une infirmière me chercher et a fait sortir gentiment ma belle-mère. J'étais tellement heureux. Ma femme aussi. »

Patrick, 40 ans, papa de Louise et mari de Sabine.

Cordon

« Il est temps de couper le cordon, mon chéri ! »

On a coutume de dire que le rôle du père étant de séparer la maman de l'enfant, le geste symbolique de couper le **cordon** serait déterminant. C'est faux ! Archifaux ! Vous n'êtes pas là pour marcher dans les clous, faire comme tout le monde ou pour faire plaisir à la sage-femme qui vous le propose. Si vous pensez que ça fait trop médical ou trop « inauguration officielle », c'est votre droit le plus strict ! C'est votre naissance à vous aussi après tout ! Si le geste représente quelque chose pour vous : allez-y. S'il ne signifie rien : laissez faire les professionnels.

Quel que soit votre choix, sachez qu'il n'y a pas de nerfs dans le cordon et donc que ni le bébé, ni la maman ne le sentent. Sachez également que les ciseaux coupent mal : si vous devez vous y reprendre à plusieurs fois, vous n'êtes pas un mauvais père pour autant !

père **masculinité** **salle de naissance** **projet (de naissance)**

Entre nous

« À l'accouchement, je n'ai pas réussi à me lever de ma chaise. Je ne respirais plus debout. Alors, j'étais assis, et loin d'elle en plus, car je n'avais même pas eu l'idée de rapprocher la chaise. J'étais paralysé ! Et après pourtant, elle m'a remercié d'avoir été là. Je n'ai pas compris sur le moment. Aujourd'hui, j'ai compris qu'elle savait que j'étais là, avec elle ! »

Tom, 32 ans, compagnon de Cécile et papa de Yaël.

Cuillères

« Et si on remettait le couvert ? »

Qui a dit qu'on ne pouvait pas avoir une sexualité pendant la grossesse ? Si on n'a pas envie d'un exploit sportif, mais juste de tendresse et de sensualité, la position dite de « la petite cuillère » est un délice ! Voilà le topo : tous les deux allongés sur le côté gauche – ça évite à votre compagne de comprimer la veine cave et de soudain tourner de l'œil ! –, vous derrière madame, vous vous emboîtez tous les deux comme des petites **cuillères** dans le tiroir à couverts IKEA®.

Cette position de « l'amour tranquille » est voluptueuse. Étant donné que vous êtes installés confortablement, vous pouvez prendre le temps, elle de s'abandonner (l'utérus alourdi par le bébé ne pèse pas sur son estomac), vous de la caresser, de l'embrasser. Le kiff, quoi !

Qu'est-ce que je peux faire ?

Si vous passez une jambe au-dessus de sa hanche, ça devient tout de suite plus émoustillant !

sexualité **Rocco (Siffredi)** **voyeur**

Entre nous

« J'avais du mal à la voir avec ce corps-là, ce corps que je ne reconnaissais plus, je n'avais plus d'attirance pour elle ! Je culpabilisais de voir son corps me laisser si indifférent. Je lui ai expliqué, et surtout, je n'ai pas coupé les ponts... J'ai continué à la câliner, à être tendre, à la prendre dans mes bras, à lui dire que je la trouvais belle. Mon appétit sexuel est revenu juste après la naissance du bébé. Elle ne m'en voulait pas car nous avions gardé, même sans sexualité, notre connivence. »

Andréa, 40 ans, papa de Jude et fiancé d'Elsa.

Déclaration

« J'ai quelque chose à déclarer ! »

La déclaration à l'État civil doit se faire dans les 3 jours suivant l'accouchement – si votre enfant naît un mercredi, un jeudi ou un vendredi, ce délai est reporté au lundi suivant. Cette **déclaration** doit être faite à la mairie du lieu de naissance ; il n'y a qu'à se munir du certificat établi par la sage-femme ou le médecin. Dans certaines maternités, un officier d'État civil passe en chambre ou assure une permanence dans l'établissement.

Cette déclaration a une portée symbolique importante pour vous : vous annoncez au monde que votre enfant est né ! On se sent à ce moment-là fier et viril. « C'est moi le père ! » On crie au monde sa joie d'être reconnu comme papa.

On peut désormais donner à son enfant le nom de famille du père, de la mère ou les deux ; il faudra cependant que ce soit la même chose pour toute la lignée.

Qu'est-ce que je peux faire ?

Plutôt que d'attendre le passage impersonnel d'un officier d'État civil dans la chambre, on peut demander à se déplacer en mairie pour faire les démarches soi-même (il suffit de se munir de l'acte de reconnaissance). Une façon de marquer le coup et d'entrer plus symboliquement dans la paternité. Ne vous laissez pas faire, jamais,

reconnaissance **père**

Intimidé

« Ils ne pensent qu'à ça ! »

Voilà bien une idée reçue qui a la vie dure : les hommes seraient frustrés par le changement de sexualité (moins de câlins, pas les mêmes câlins) et iraient même volontiers voir ailleurs – alors qu'il y a statistiquement très peu d'adultères pendant la grossesse... et toc !

En réalité, déroutés, parfois même impressionnés ou intimidés par le corps de la femme enceinte, à la fois familier et inconnu, les hommes sont transportés dans un registre qui n'inclut pas la sexualité. Ils ressentent même parfois une admiration un peu mystique, qui n'a rien à voir avec un attrait physique, mais qui se rapproche davantage de la fascination. Ce corps est rempli, habité par un autre corps !

Certains hommes ne peuvent plus toucher leur compagne, ni même l'approcher. Elle change à la fois de corps (leurs mains ne reconnaissent plus ces formes-là) et de statut, a fortiori s'il s'agit d'un premier enfant : de femme, elle devient mère. Il faut se faire à cette idée-là.

Qu'est-ce que je peux faire ?

Prenez votre temps, parlez de ce qui vous gêne, expliquez-lui bien que cette panne de désir n'a rien à voir avec un rejet, et dites-lui : « OK, je n'ai pas la tête à ça, mais je t'aime très fort ! »

Italienne

« J'ai dû faire une connerie ! »

En toute fin de grossesse, un rapport sexuel un peu énergique peut-il jouer sur la maturation du col et favoriser l'accouchement ? Euh... non ! Je sais qu'elle serait prête à vendre sa mère pour accoucher 3 jours plus tôt, mais une étude malaisienne confirme que cette méthode naturelle appelée « déclenchement à **l'italienne** » est un mythe de plus. Un mythe construit, comme toujours, sur une base réelle solide.

1. C'est vrai que les câlins entraînent une sécrétion d'ocytocine (hormone des contractions, utilisée d'ailleurs pour déclencher des accouchements).
2. On sait aussi que le sperme contient des prostaglandines, une substance qui permet d'assouplir le col de l'utérus. Oui, mais non ! Faire l'amour en fin de grossesse n'a finalement qu'une conséquence : se faire plaisir, se sentir bien, et c'est déjà beaucoup !

Qu'est-ce que je peux faire ?

La bonne nouvelle c'est qu'on peut avoir des rapports sexuels jusqu'à la fin de la grossesse sans risque – sauf contre-indication médicale. CQFD.

sexualité **libido** **Rocco (Siffredi)** **intimidé**

Entre nous

« J'ai bien vu que notre couple n'était plus au centre du jeu ! J'ai organisé une soirée par semaine, une vraie soirée en amoureux, rien qu'elle et moi, une soirée romantique, au restaurant, à la séduire, histoire de lui montrer, sans le lui dire trop lourdement, que je l'aimais infiniment, même avec ce gros ventre et ses formes généreuses ! »

Philippe, 40 ans, papa de Lena et compagnon de Manon.

Liquide

« Comme un petit poisson dans l'eau »

Pendant toute la grossesse, le fœtus flotte dans un **liquide** protecteur. Limpide et stérile, il est produit par les urines fœtales et des sécrétions pulmonaires. Il est comme un coussin douillet qui entoure le bébé. Il le protège des chocs (c'est grâce à lui qu'une femme enceinte peut dormir sur le ventre !), des infections extérieures, du (trop) chaud, du (trop) froid, le maintenant à une température de 37,5 °C. Il permet au bébé de bouger, de faire sa gym et de développer ainsi sa motricité.

Le liquide est perpétuellement renouvelé par le fœtus, qui l'avale et l'élimine en urinant, et son volume augmente régulièrement en fonction du poids du fœtus : de quelques millilitres au début de la grossesse, il peut atteindre 800 ml à la 40e semaine de grossesse.

Lorsque monsieur bébé est prêt à naître, les membranes qui entourent la cavité amniotique se rompent et le liquide s'écoule par le vagin. C'est ce qu'on appelle « perdre les eaux ».

cordon **fœtus** **utérus** **ventre**

Paquetage

« Mon kit spécial papa »

OK, on ne part pas pour un trekking en Patagonie, mais tout est bon pour se rassurer, se donner un support et se créer son petit ancrage à soi ! Un accouchement peut s'éterniser et si l'on sait quand on entre dans la salle de travail, on ignore quand on va en sortir.

Premier conseil : portez des vêtements en couches (T-shirt, polo, pull). S'il fait froid dehors, dans la salle de naissance, c'est plutôt une atmosphère de salle des machines – sans l'adrénaline – et il faut pouvoir se découvrir très vite.

Pensez à prendre un T-shirt de rechange bien propre et bien frais, un bouquin facile à lire – un roman de gare de Musso à Lévy, pas au-delà ! –, une brosse à dents, des lingettes rafraîchissantes, de la monnaie pour la machine à café (disons 20 € en petites pièces de 10 et 20 cents) – il faut rester opérationnel –, un paquet de gâteaux pour éviter l'hypoglycémie qui vous guette (chaleur + fatigue).

Qu'est-ce que je peux faire ?

N'oubliez pas de prévoir dans votre **paquetage** un petit cadeau pour elle, à lui offrir à votre retour en chambre !

patience **salle de travail** **accouchement** **calme**

COOKIES
LÉVY

Pipi

« Attention ! Chaud devant ! »

La femme enceinte se lève parfois 5 ou 6 fois par nuit pour vider sa vessie, comme s'il s'agissait d'une répétition générale avant l'arrivée du nouveau-né. Voilà l'un des premiers signes de la grossesse : l'envie permanente et irrépressible de faire **pipi**. Ce serait presque drôle si ça n'était pas si désagréable pour l'intéressée.

Au fil des mois, l'utérus grossit et réduit la taille de la vessie au moment même où le corps produit plus d'urine. Même si la poche est vide, la pression devient si forte avec le poids du bébé que votre compagne a l'impression qu'elle est pleine.

Au 8e mois, le fœtus ingurgite beaucoup de liquide amniotique dont il adore le goût sucré. Ce qu'il boit, il le rejette en urinant dans l'utérus. Ce qui fait encore en peu plus d'urine à évacuer !

Qu'est-ce que je peux faire ?

Se mettre dans la situation, à n'importe quel moment, de trouver un café en 45 secondes pour qu'elle aille se soulager fissa.

utérus **fœtus** **liquide**

Présence

« J'y vais ou j'y vais pas ? »

On n'a pas à assister à l'accouchement, on a à le vivre, ensemble ! Être là, simplement, tout entier dans le moment, sans chercher plus qu'à être dans le même temps que votre compagne, votre esprit et le sien ne faisant qu'un : voilà tout ce qu'elle attend de vous ! C'est de cette sécurisation affective dont elle a besoin. « Le fait de se savoir attendu à l'autre bout du chemin permet de s'y engager avec plus de confiance. » Elle sait que quelqu'un l'attend dans le monde « connu » – celui d'avant le bébé –, elle peut alors aller vers l'inconnu plus tranquillement.

Qu'est-ce que je peux faire ?

C'est vous qui choisirez comment vivre ce moment : cette naissance, c'est aussi la vôtre ! Même être là, dans le couloir, à faire les cent pas, en pensant à elle, rien qu'à elle, vous permet de vivre l'événement, d'effectuer votre conversion petit à petit, à votre rythme. Sans être pour autant au cœur de l'action, en salle d'accouchement.

regard **patience**

Entre nous

« Je ne voulais pas assister à l'accouchement dans la salle de naissance. Nous en avons parlé avec ma femme. J'ai décidé avec elle de me laisser la possibilité de changer d'avis au dernier moment. Au moment où les choses se sont accélérées et où le bébé était sur le point de sortir, je ne suis finalement pas sorti. Je ne voulais pas la laisser seule ! »

Étienne, 40 ans, papa d'Elia et fiancé d'Amandine.

« J'étais au Japon, pour un concert, quand elle a accouché. Mais la sage-femme m'a téléphoné. Elle m'a dit que je ferais le meilleur concert de ma vie ou le pire, si je n'étais pas concentré... J'ai compris ! J'ai dirigé, c'était génial, c'est comme si j'étais avec eux, comme si la musique portait ma présence. Après, j'ai attendu dans les loges avec des amis artistes. Quand elle m'a appelé, quelques minutes seulement après l'accouchement, j'ai hurlé de joie, tout le monde a applaudi. J'étais très loin et pourtant très près d'elle, d'eux, en direct. J'ai vécu la même chose que les autres hommes : j'ai fait les cent pas, je me suis impatienté, angoissé, et j'ai exulté. »

Thomas, 43 ans, papa de Sydney et de Lucie et mari de Stéphanie.

Reconnaissance

« C'est le mien, c'est moi qui l'ai fait ! »

Pour les couples mariés, la question de la filiation ne se pose pas : elle est automatique. Quand les parents sont pacsés ou vivent en concubinage, tout est différent.

Pour la mère, il suffit que son nom figure dans l'acte de naissance pour que la maternité soit établie. Pour établir la paternité, le père doit faire une **reconnaissance** avant ou après la naissance de l'enfant.

La « reconnaissance anticipée » permet de simplifier les démarches au moment de la déclaration de naissance et crée un lien de filiation reconnu même si le père décède pendant la grossesse.

Qu'est-ce que je peux faire ?

Vous n'avez qu'à vous rendre dans le service de l'État civil de la mairie de votre choix – de préférence celle de votre lieu de résidence –, muni d'une pièce d'identité. L'officier rédigera immédiatement l'acte de reconnaissance et vous en remettra une copie.

déclaration

Entre nous

« J'ai décidé de faire une reconnaissance anticipée. La portée symbolique de cette démarche était très importante pour moi. Elle m'a posé en tant que futur père de cet enfant. Quelle charge affective incroyable ! »

Yann, 39 ans, papa de Nina et conjoint de Sibylle.

Rocco (Siffredi)

« Je ne suis pas le moins bien équipé des ouvriers ! »

Au rayon des fantasmes sur la sexualité pendant la grossesse, la rumeur raconte que le sexe de monsieur pourrait faire du mal au bébé en l'écrasant (sic). Désolé de vous décevoir (voire de blesser votre orgueil de mâle avec qui la nature a été généreuse ou qui a regardé trop de films de **Rocco**) et de vous ramener un peu violemment à la réalité : c'est impossible !

Bref cours d'anatomie à l'usage de ceux qui les ont séchés en troisième : le rapport sexuel se passe au niveau du vagin, pas de l'utérus ! En outre, le fœtus baigne dans la poche amniotique remplie de liquide, véritable airbag naturel qui amortit parfaitement les coups (vous voyez ce que je veux dire).

Qu'est-ce que je peux faire ?

Il est préférable d'en parler à l'autre : le dialogue est le meilleur moyen de se rapprocher l'un de l'autre quand les corps ont tendance à s'éloigner jusqu'à s'imposer l'abstinence.

câlins libido sexualité

Salle de travail

« J'enfile mon bleu ou pas ? »

Nous les hommes, nous ne sommes pas habitués au gynéco, à cet environnement un peu glacé, à ce monde de femmes. On ne connaît pas bien non plus le système reproductif de sa chérie : on se sent embarrassé, désemparé, démuni, perdu et impuissant.

La **salle de travail**, c'est idem, ça peut foutre les jetons, non ? Et puis, ça n'est pas particulièrement accueillant pour le papa : il y a ces blouses blanches (ou vertes) un peu partout, ces charlottes, ces gants en latex ; l'équipement technique, les écrans, les instruments, les bruits bizarres... Ça rappelle vaguement un épisode de *Grey's Anatomy* saison 23, hein ? Alors, on a tendance à se mettre dans un coin et à attendre que le personnel nous dise quoi faire.

Qu'est-ce que je peux faire ?

Rédiger avec votre compagne un projet de naissance vous permettra de vous sentir mieux entendu et préparé.

Idéalement, demandez à visiter une salle de naissance ! Dans le cadre de certaines préparations, c'est prévu (idem si vous participez à un groupe de discussion pour futurs pères). Et puis, qui ne demande rien n'a rien : tentez le coup !

À l'occasion d'une de vos visites, poussez la porte et demandez à aller voir une salle. Vous dédramatiserez lorsque vous arriverez dans cette même salle le jour J, car tout vous semblera plus familier.

maternité **projet (de naissance)**

Entre nous

« J'ai entendu des choses sur la violence de l'accouchement... On m'avait dit qu'on ne savait plus où on était, qu'on était dépassé par les événements. J'ai compris que chacun avait son expérience, qu'il ne fallait pas prendre ça pour argent comptant... Que les témoignages de vos amis renvoient à une expérience qui n'est pas la vôtre ! Pour moi l'accouchement a été doux, moelleux, tranquille, rien à voir avec ce qu'on m'en avait dit... »

Philippe, 45 ans, papa de Joshua et mari de Claire.

Sexualité

« Tu sais à quoi je pense, ma bibiche ? »

Il n'y a aucune contre-indication (sauf en cas de menace d'accouchement prématuré) à poursuivre une sexualité tout au long de la grossesse. Il s'agit simplement d'une question de confort ; surtout au dernier trimestre de la grossesse, on doit se débrouiller avec le ventre…

La **sexualité** évolue au rythme de la grossesse pour des raisons physiologiques et émotionnelles – la libido, pour elle comme pour vous, est fluctuante.

Pour toutes ces raisons, la grossesse est un bon prétexte à l'imagination et à la créativité. Elle est surtout le moment où le couple doit relever un sacré défi : trouver un terrain d'entente quand homme et femme ne sont pas forcément sur la même longueur d'onde. Et ça, c'est un vrai plus pour la suite ! Ce moment, cette parenthèse où le dialogue est crucial pourrait bien renforcer votre relation.

Qu'est-ce que je peux faire ?

Faites attention à ne pas succomber aux clichés qui voudraient que la grossesse soit un moment génial pour la femme. Essayez d'être dans la réalité de ce qu'elle vit et non dans la femme enceinte imaginaire que vous fantasmiez.

câlins **intimidé** **Rocco (Siffredi)** **voyeur**

Entre nous

« Elle ne voulait plus qu'on fasse l'amour, elle avait peur. J'ai compris même si j'en avais terriblement envie ! – et besoin je crois. Un soir, elle m'a masturbé jusqu'à ce que j'éjacule. J'étais surpris car c'était la première fois qu'elle faisait ça. Alors je me suis laissé faire et j'ai laissé exploser ma jouissance. Ça l'a beaucoup excitée et on a fait l'amour quelques heures après. Et puis depuis, on a recommencé ce petit rituel très souvent. C'est la grossesse finalement qui nous a fait nous découvrir plus encore ! »

Carlos, 40 ans, papa d'Illana et compagnon de Jessica.

Sperme

« Un liquide magique ! »

Le **sperme**, on le sait depuis le début du XXe siècle, contient certaines hormones (les prostaglandines) qui ont la capacité de stimuler le tonus musculaire. À terme, l'utérus est particulièrement sensible aux prostaglandines E. La sagesse populaire a donc tiré des conclusions hâtives en conseillant de faire l'amour pour déclencher ou, au moins, accélérer l'accouchement.

Mais la science s'en est mêlée et trois obstétriciens de l'université de Malaisie ont démontré en 2007 que les relations sexuelles ne modifiaient pas le terme des femmes.

Qu'est-ce que je peux faire ?

Oublier ces études... Et continuer ou reprendre sa vie sexuelle. Ces mêmes recherches ont effectivement montré que lors de ces rapports sexuels à terme, 80 % des femmes avaient eu un orgasme !

sexualité **bombe**

Voyeur

« Little brother is watching me »

Et si le bébé observait papa en train de faire l'amour avec maman ? Et si le chenapan voyait et entendait tout ? S'il espionnait ses parents ? C'est un fantasme fréquent chez les hommes qui, inconsciemment, sont jaloux de cet inconnu qui prend tant de place, au point parfois de rendre impossible toute sexualité pendant la grossesse.

En revanche, vous pouvez être sûr que le bébé ressent le plaisir de maman pendant les galipettes avec papa, et ça, c'est tout bénef ! Le bébé a besoin de ressentir le bien-être et la sérénité de sa maman. Sans compter que l'orgasme entraîne une montée d'endorphines, l'hormone antidouleur, excellente pour le bébé !

Qu'est-ce que je peux faire ?

Certes, la thèse du « bébé voyeur » ne repose sur aucune réalité. Mais il ne faut pas hésiter à confier votre inquiétude à votre médecin traitant, à un psy ou encore, pourquoi pas, à la sage-femme qui suit votre compagne.

sexualité **libido** **intimité**

Liste des questions à poser au médecin ou à la sage-femme

Acte 6

Tout savoir, tout connaître, ça me rassure !

*« La science,
c'est ce que le père enseigne à son fils.
La technologie,
c'est ce que le fils enseigne à son papa. »*

Michel Serres

Vous êtes un homme alors, forcément, la technique ça vous passionne !

Pardon pour le cliché qui ne devrait pas avoir sa place dans un livre qui se veut sérieux comme celui-là ! – oubliez s'il vous plaît ce que vous venez de lire... Vous avez besoin d'avoir la connaissance des choses.

Comprendre comment la grossesse se déroule, tout savoir du corps de la femme, de sa physiologie, des hormones, des muscles, des postures, c'est d'autant plus important pour vous que vous n'avez aucun ressenti physique...

Vous avez en vous ce petit côté Michel Chevalet : « un utérus, co-mment ça marche ? » Vous voulez être incollable sur tout, les dates, les lieux, les étapes... Ce n'est que lorsque vous maîtrisez les choses et que vous les comprenez en détail que vous vous sentez davantage concerné et pour finir... rassuré.

Hormis si vous avez l'intention de passer un diplôme de sage-femme, l'objectif n'est pas de devenir l'un de ces techniciens de la grossesse qui pose les questions à l'échographiste avant même que sa compagne n'ait eu le temps d'ouvrir la bouche. En revanche, si la compréhension des choses vous permet de vivre mieux la grossesse, de vous y intéresser et de vous impliquer vraiment : allez-y sans aucune hésitation ! Creusez, interrogez-vous, questionnez les professionnels de la naissance que vous rencontrez. Comprenez, mais laissez aussi de la place au sentiment et à l'émotion !

Apgar

« Qui a peur de Virginia Apgar ? »

Inventé par une anesthésiste américaine en 1952, ce test est effectué 60 secondes, puis de nouveau 5 minutes après la naissance. Il permet d'évaluer l'état de forme du nouveau-né.

La sage-femme apprécie cinq paramètres en les notant de 0 à 10 points : rythme cardiaque, respiration, coloration de la peau, tonus musculaire et réactivité ; plus le total est proche de 10, meilleure est la santé générale du bébé ! En dessous de 5, le bébé est pris en charge d'urgence par l'équipe médicale.

C'est probablement le premier examen de cet enfant, 17 ans et des poussières avant le bac ! Ce test restera pour toujours dans le dossier médical. Mais rassurez-vous : on peut être repêché au test Apgar et intégrer brillamment l'ENA quelques années plus tard !

sage-femme · salle de travail

Aménorrhée

« Améno-quoi ? »

S'il y a bien une chose à laquelle les hommes ne comprennent rien, c'est le calcul de la durée de la grossesse et du terme ! Il y a deux façons d'exprimer la durée d'une grossesse : en semaines d'**aménorrhée** et en semaines de grossesse.

Quand le déroulement de la grossesse est exprimé en semaines d'aménorrhée (SA), on compte le nombre de semaines écoulées depuis le premier jour des dernières règles (aménorrhée = absence de règles).

Quand, au contraire, il s'exprime en semaines de grossesse (SG), on compte le nombre de semaines qui suivent la fécondation et, en théorie, celle-ci a lieu 14 jours après le premier jour des dernières règles.

terme grossesse accouchement

Braxton (Hicks)

« Il joue dans quelle équipe ? »

À partir du 4e mois, la femme peut ressentir de « fausses contractions » qui correspondent à une tension passagère des muscles de l'utérus (le ventre durcit instantanément). Elles portent le nom du médecin qui les a décrites en 1872 et qui a plutôt un nom de joueur de baseball : **Braxton Hicks**.

Rarement douloureuses, elles pourraient être une forme de gymnastique naturelle de l'utérus, qui entretiendrait ainsi son tonus musculaire et se préparerait aux douleurs. D'autres pensent qu'il s'agit d'une répétition générale et qu'elles ont un impact sur le col de l'utérus.

Comment sait-on qu'elles sont fausses ? Elles sont irrégulières, durent une trentaine de secondes, stoppent quand la femme change d'activité et ne sont pas assez fortes pour provoquer le travail et la dilatation.

Qu'est-ce que je peux faire ?

Si elle est assise, proposez à votre compagne de marcher ou, encore mieux, de prendre un bain chaud (pas trop) ; les contractions devraient disparaître. Mais si vous avez le moindre doute, appelez le gynéco de votre compagne ou la sage-femme : ils seront à même de vous rassurer.

contractions douleur

Délivrance

« Ça a un rapport avec le film de John Boorman ? »

Il y a une étape de l'accouchement dont on ne parle jamais : le moment de l'« expulsion placentaire ». Lorsque le bébé est là, l'accouchement n'est pas pour autant tout à fait terminé – on ne se rend pas forcément compte de cette étape car on est trop occupé à câliner le bébé.

Après un petit temps de repos de l'utérus, la mère ressent encore pendant quelques minutes des contractions qui servent à décoller le placenta et à l'expulser : c'est la **délivrance**.

Et c'est là que ça saigne ! Le médecin ou la sage-femme surveille attentivement qu'il n'y ait pas trop de sang, signe d'une « hémorragie de la délivrance ».

Une fois le placenta sorti, on vérifie qu'il ne reste pas un morceau à l'intérieur. Tout est OK ? On entre alors dans la période dite des « suites de couches ».

Qu'est-ce que je peux faire ?

Occupez-vous du bébé, avec la maman. Voir cette quantité de sang couler est impressionnant et déstabilisant, alors ça n'est pas forcément un spectacle à regarder. Et pas vraiment glamour ! Demandez à voir le placenta uniquement si cela vous intéresse.

contractions **sang**

Forceps

« Je ne suis pas bricoleur pour un sou ! »

On considère que seuls 11 % des accouchements nécessitent le recours à des instruments d'extraction aux noms parfois barbares pour aider bébé à naître : **forceps**, ventouse, spatules... Ne faites pas cette tête-là : ces outils ne font aucun mal au bébé, même s'ils peuvent laisser des traces sur les côtés du crâne qui disparaîtront au bout de quelques jours !

Si le travail dure longtemps et que la femme n'a plus la force de pousser, la sage-femme passe la main à l'obstétricien qui va donner un coup de main au bébé en utilisant les forceps (autrefois appelé « fers »).

Vous pensiez qu'il s'agissait d'un ustensile de cuisine ? Composée de deux branches articulées dont les extrémités arrondies (les cuillères) s'adaptent à la forme de la tête du bébé, cette pince en métal permet en réalité de tenir la tête de l'enfant et de l'aider à descendre.

salle de travail **sage-femme** **ventouse**

Entre nous

« Je focalisais là-dessus bien avant l'accouchement ! Les forceps me fichaient la trouille plus que tout le reste. Alors j'ai demandé à la sage-femme avec laquelle nous faisions la prépa de me les sortir et de m'en montrer le fonctionnement sur un poupon. Ça ressemble à deux grands chausse-pieds qu'on glisse de chaque côté de la tête du bébé. J'ai dédramatisé immédiatement ! Le jour J, je n'y pensais même plus. L'imagination est bien pire que la réalité ! »

Denis, 37 ans, papa d'Elia et mari de Philomène.

Label

« Je veux la meilleure maternité du monde ! »

Les maternités qui placent les rythmes et les besoins du bébé et de sa famille au centre de tout bénéficient d'un label « Hôpital Ami des Bébés » (HAB). Il s'agit d'un **label** international créé en 1992 à l'initiative de l'OMS et qui améliore l'accompagnement des parents avant, pendant et après la naissance.

Parmi les 11 critères qui déterminent l'obtention du label, citons le peau à peau systématiquement proposé à la maman et au papa, et plus largement la préservation de ce moment privilégié de la première rencontre entre le bébé et ses parents (on ne dérange pas ce moment précieux par des soins peu urgents).

Début 2014, 20 établissements seulement en France étaient labellisés, ce qui représente 3 % des naissances.

Vous trouverez la liste complète des établissements sur le site *www.amis-des-bebes.fr*

maternité **niveau** **peau à peau**

Entre nous

« Nous voulions être respectés dans nos choix, tous nos choix – ma compagne voulait le nourrir au biberon sans qu'on la culpabilise –, alors nous avons choisi une maternité portant le label HAB... Nous avons pu profiter du peau à peau et j'ai eu le sentiment d'être en contact direct avec ce bébé dès ses premiers instants. On a pu le garder avec nous 24 h/24. Une expérience de la sensorialité que je n'oublierai pas ! »

Tom, 35 ans, papa de Nadia et compagnon de Sylvie.

Leboyer (Frédérick)

« Où je peux le trouver, ce monsieur Leboyer ? »

On devrait ériger une statue à ce gynécologue et obstétricien dans chaque maternité… peut-être même ailleurs ! On ne lui doit rien moins que l'« accouchement doux ». Après avoir publié, en 1973, le livre *Pour une naissance sans violence* – dans lequel il explique que le meilleur moyen de changer le monde est de respecter le nouveau-né et de changer les procédures de naissance (on fait 60 % aux présidentielles avec un programme humaniste pareil !) –, il met en place dans sa clinique privée parisienne une série de règles pour éviter au bébé tout traumatisme ou douleur inutile.

Selon lui, le nouveau-né est un être « de perception » – ce qu'on niait jusque-là. Afin qu'il se remette du stress de la naissance, **Leboyer** propose qu'il reste sur le ventre de sa mère (il met fin aux tapes sur les fesses et à la suspension par les pieds !) et que le bain ainsi que toutes les procédures post-partum soient différés. Il fait en sorte que les salles de naissance soient accueillantes, pas trop médicalisées, isolées du bruit et protégées d'un éclairage trop intense.

On lui doit l'introduction en Occident du massage bébé (Shantala) venu d'Inde, belle façon pour le papa de créer sa relation avec le bébé.

Qu'est-ce que je peux faire ?

Lui offrir *Shantala : Un art traditionnel, le massage des enfants*, le magnifique ouvrage de Frédérick Leboyer sur le massage bébé… c'est une vraie merveille. Profitez-en pour vous inscrire à une séance tous les deux. On devient vite autonome, il faut juste se lancer.

salle de naissance **nouveau-né**

Médicalisation

« Prends bien soin de toi ! »

Comment la femme enceinte peut-elle rester sereine quand la médecine la traite comme une malade ? 7 examens prénataux, 3 échographies, des prises de sang, des vaccinations... La prise en charge est millimétrée. La médecine est là, présente, même quand tout fonctionne bien sans elle (95 % des grossesses). Elle provoque parfois du stress, pour elle, pour vous.

Cette médecine doit rester utile – au service du dépistage ou de la gestion de la pathologie –, mais raisonnée, sinon elle devient délétère et vous et votre compagne finissez par ne plus vous faire confiance et vous sentir dépossédés de ce moment si important.

Qu'est-ce que je peux faire ?

Toujours vouloir comprendre ce qui se passe et pourquoi ces examens sont prescrits. Leur but est d'établir un diagnostic ou d'éliminer toute suspicion d'anomalie, d'étudier la conséquence d'une pathologie et/ou de suivre l'évolution et l'effet d'un traitement. Sinon, ce n'est pas légitime !

Vous avez, vous et votre compagne, la compétence, le savoir-faire pour mener à bien cette naissance, vous n'avez besoin que d'un encadrement. Vous pouvez aussi choisir d'accoucher dans une maternité moins médicalisée – ce qui ne veut pas dire moins sécurisée.

nouveau-né maternité niveau

Monitoring

« Ils branchent la télé en salle de naissance maintenant !? »

Le cardiotocographe est l'appareil qui enregistre, *via* deux capteurs, le rythme cardiaque fœtal et les contractions utérines. L'enregistrement du rythme cardiaque fœtal donne un graphique qui permet d'apprécier la bonne vitalité du bébé. Seront analysées la fréquence de base, la variabilité, les accélérations et les décélérations. Le papier de l'imprimante défile à 1 cm par minute, ce qui permet de voir le rythme des contractions utérines.

Il existe, dans certaines maternités, un **monitoring** sans fil, très pratique pour laisser à la femme toute sa liberté de mouvement.

Qu'est-ce que je peux faire ?

Augmenter ou baisser le son du monitoring qui inquiète ou rassure... selon les femmes et les hommes. Tenir ou déplacer légèrement le capteur quand votre compagne bouge et que le signal est perdu. Mais aussi consulter le monitoring pour aider votre compagne à repérer la décroissance de la contraction ou sa survenue proche et, ainsi, qu'elle ne se fasse pas surprendre.

contractions utérus

Naturel

« C'est à la portée de n'importe qui ! »

Sur le plan juridique, l'accouchement est classé comme un acte **naturel** et non comme un acte de soin !

Par nature, la femme porte en elle tout le savoir, la connaissance et les ressources pour y arriver sans trébucher. Si un accouchement n'est ni simple, ni facile, ni rapide, ça reste forcément possible et à la portée de toutes les femmes !

Qu'est-ce que je peux faire ?

Conforter la confiance qu'elle doit avoir en elle. Lui dire qu'elle sait tout – ça n'est pas une blague, elle porte en elle tout le savoir nécessaire. Que moins elle réfléchit, plus c'est simple.

Ayez l'humilité de ne pas vous penser plus puissant que la nature, sachez plier pour ne pas rompre. Et utilisez ce que la technique peut vous apporter comme aide complémentaire.

accouchement **animalité**

Ocytocine

« Papa aussi a des chouettes hormones ! »

Élue « miss Hormone » de l'amour et de l'attachement – un câlin peut la déclencher –, cette hormone naturellement sécrétée par le cerveau est responsable des contractions utérines pendant le travail. Lorsque l'accouchement est programmé ou qu'il faut accélérer le travail, on utilise une **ocytocine** de synthèse, le Syntocinon®.

L'hormone agit sur les fibres du muscle utérin et des glandes mammaires pour favoriser la lactation. Dès que bébé se met à téter, la sécrétion d'ocytocine favorise la lactation. Cette hormone étonnante diminue l'anxiété et permettrait l'attachement. Le peau à peau favoriserait d'ailleurs aussi cette sécrétion.

Une étude israélienne a démontré que le papa attentif à la grossesse (puis au bébé) sécréterait lui aussi son lot d'ocytocine.

contractions utérus

Péridurale

« La grosse aiguille là, je crois que je ne vais pas pouvoir ! »

Cette méthode d'anesthésie a bouleversé le monde de l'obstétrique ! Elle sert à insensibiliser les racines nerveuses qui innervent l'utérus et le périnée et ainsi éviter les douleurs des contractions.

En fonction de la façon dont elle a envie de vivre son accouchement, la femme peut la demander ou la refuser.

Il faut être « en travail » pour se voir poser la **péridurale**. Vous pourrez rarement rester au moment de l'anesthésie (quelques maternités seulement le permettent).

L'aiguille de 8 à 10 cm de long, introduite entre les 3e et 4e vertèbres lombaires, peut être impressionnante. 60 % des accouchements en France ont lieu sous péridurale.

Qu'est-ce que je peux faire ?

Vous devez encourager son choix, la soutenir jusqu'au bout et ne pas tenter de l'influencer au moment où elle a mal : « Tu veux la péridurale, maintenant ? ».

Au 8e mois de grossesse, votre compagne se rendra à sa consultation avec le médecin anesthésiste. Accompagnez-la : vous comprendrez la technique et on vous expliquera comment ça se passera le jour J. N'ayez pas peur : l'injection est faite à distance de la moelle épinière ! Et quand elle aura reçu sa péridurale, restez présent. Même si elle est soulagée, elle a besoin d'être accompagnée !

travail **accouchement**

Entre nous

« J'avais du mal à me mettre dans le rythme de l'accouchement, et puis on lui a posé la péridurale. Le calme est revenu dans la salle de naissance ! C'est comme si on était entré dans le temps de l'esprit, comme si je pouvais penser à mon rôle et mes nouvelles responsabilités. J'ai adoré ce moment-là ! »

Thibault, 40 ans, papa de Tiphaine et compagnon d'Elsa.

Piriforme

« Un petit massage, mademoiselle ? »

Ce muscle profond des fessiers, en forme de pyramide, et qui agit sur le bassin (il sert à tourner la hanche vers l'extérieur), est souvent douloureux pendant la grossesse – les danseurs et certains sportifs qui pratiquent des activités de « rebond » comme le basket en souffrent parfois.

Le poids de l'utérus, la cambrure accentuée par le ventre qui grossit, le bassin mal centré... Tout ceci explique une douleur lancinante dans le bas de la fesse qui irradie le haut de la jambe et la hanche. Détendre le **piriforme** permet de soulager le bassin et de l'aider à trouver son équilibre.

Qu'est-ce que je peux faire ?

Conseillez-lui donc de laisser aller la cambrure des reins pour éviter les maux de dos. Proposez-lui de lui masser le muscle piriforme pendant 10 minutes avec le pouce, très en appui (appuyez de plus en plus fort, très progressivement). Allez-y à tâtons pour le trouver : il se trouve à la limite du pli fessier, à l'extérieur de la fesse. Vous saurez que vous y êtes lorsqu'elle aura mal ! Au moment de l'accouchement, pourquoi ne pas masser le piriforme au moment de la contraction ?

massage toucher douleur

Ventouse

« Non, mais, tu vas me lâcher ? »

En toute fin d'accouchement, il arrive que le bébé ne progresse plus dans le bassin ou reste coincé. Il faut alors « aller le chercher ». La sage-femme passe la main à l'obstétricien. Celui-ci saisit la fameuse **ventouse** (*vacuum* si vous avez fait latin deuxième langue), sorte de petit bol flexible muni d'un appareil de succion, qu'il introduit dans le vagin, et qu'il place au-dessus de la tête du bébé. Il aspire l'air à l'aide d'une pompe à main ou à pied…

La pompe fait un bruit bizarre qui peut être impressionnant pour qui ne s'y attend pas, c'est-à-dire à peu près tout le monde ! Dès que la ventouse adhère bien, il demande à votre compagne de bien pousser sur la prochaine contraction et tire sur la ventouse (c'est l'utérus qui fait l'essentiel du travail). La trace rouge sur le crâne (« petit chignon ») et la bosse bénigne disparaissent au bout de 48 heures.

forceps expulsion salle de travail obstétricien

Liste des questions à poser au médecin ou à la sage-femme

Ce que j'aimerais retenir

Bibliographie sur la paternité

Si vous ne deviez lire que 5 livres avant de plonger dans le grand bain :

- *Petit Éloge de la paternité*,
  Bertrand Leclair (Folio, Gallimard)
- *Devenir papa pour les Nuls*,
  Gérard Strouk (First Éditions)
- *Shantala : Un art traditionnel, le massage des enfants*,
  Frédérick Leboyer (Seuil)
- *La Part du père*,
  Geneviève Delaisi de Parseval (Seuil)
- *Papa débutant*,
  Lionel Paillès, avec Benoît Le Goëdec (First Éditions).

Ma p'tite famille

Dans la même collection, retrouvez :

Bientôt maman, Olivia Toja

Papa débutant,
Lionel Paillès avec Benoît Le Goëdec

Maman débutante, Olivia Toja

Grand-père débutant, Yves Durand

Grand-mère débutante, Caroline Cotinaud

Une éducation bienveillante... et efficace !,
Laurence Dudek

La diversification alimentaire de 4 à 36 mois,
Caroline Bach

Ma grossesse naturo, Fiona Bernard

... et bien d'autres !

Index

3D 91

A

Actings 32
Allaitement 34
Ambulance 35
Aménorrhée 168
Amniocentèse 92

B

Bassin 106
Braxton Hicks 169
Bricoleur 36

C

Câlins 141
Calme 143
Césarienne 40
Chant 17
C.H.U. 41
Clinique 42
Coach 144
Contractions 46
Cordon 145
Couvade 47
Cuillères 147

D

Décibels 17
Déclaration 148
Délivrance 170
Dilatation 51
Durée 52

E

Échographie 93
Entretien 94
Envies 53
Épisiotomie 54

F

Fausses couches 55
Forceps 171
Fuite 57

G

Gratouille 107
Groupes de parole 108

H

Haptonomie 18

I

Imaginaire 60
Instinct 110
Italienne 150

J

Jalousie 111

K

Kilos 112

L

Label 172
Larmes 113
Leboyer 173
Liquide 151

M

Massage 63
Maternité 114
Monitoring 175
Mouvements 65
Mummyrexie 115

N

Naturel 176
Nausées 116
Niveau 117

O
Ocytocine 177

P
Paquetage 152
Paternage 67
Patience 69
Peau à peau 118
Père 70
Péridurale 177
Périnée 119
Pipi 154
Piriforme 179
Plainte 120
Plaisanterie 71
Postures 122
Préparation 95
Programmé 73

R
Radiopelvimétrie 96
Reconnaissance 156
Regard 74
Rencontre 97
Respiration 125
Rocco 157
Rythme 126

S
Sage-femme 76
Salle de travail 157
Sang 127
Sciatique 128
Seins 129
Sexualité 159
Siège 77
Sperme 160

T
Taxi 131
Terme 131
Test 80
Toucher 81
Toxoplasmose 82

U
Utérus 84

V
Ventouse 180
Ventre 132
Voix 20